포켓북
왕초보 일본어 단어

포켓북
왕초보 일본어 단어

2019년 9월 05일 초판 1쇄 인쇄
2022년 8월 15일 초판 7쇄 발행

지은이 박해리
발행인 손건
편집기획 김상배, 장수경
마케팅 이언영
디자인 이성세
제작 최승용
인쇄 선경프린테크

발행처 *LanCom* 랭컴
주소 서울시 영등포구 영신로34길 19
등록번호 제 312-2006-00060호
전화 02) 2636-0895
팩스 02) 2636-0896
홈페이지 www.lancom.co.kr

ⓒ 랭컴 2019
ISBN 979-11-89204-46-4 13730

basic
Japanese
words

이것만 있으면 만만하게
첫걸음을 뗄 수 있다!

내손에
펼쳐진
포켓북

왕초보
일본어
단어

박해리 지음

LanCom
Language & Communication

들어가며

일본어 실력은 뭐니뭐니 해도 가장 중요한 것은 단어를 얼마나 많이 알고 있느냐에 달려 있다고 할 수 있습니다. 물론 일본어의 구조를 이해하기 위해서는 문법도 반드시 알아야 하지만, 우선은 어린아이가 단어를 하나하나 익혀가듯이 일본어도 단어를 통해 익혀나가는 것입니다. 이런 점에 있어서 단어의 숙지는 매우 중요한 일본어 학습과정의 하나라고 할 수 있습니다.

따라서 이 책은 일본어를 배우는 데 있어서 반드시 알고 넘어가야 할 기본적인 단어만을 엄선하여, 일본어를 처음 시작하는 학습자에서부터 처음부터 다시 시작하려는 학습자에 이르기까지 초보자의 입장을 고려하여 다음과 같이 엮었습니다.

1 일본어 기초과정을 마친 학습자가 체계적으로 일본어 단어 실력을 늘려가도록 기본단어만을 품사별로 엮었습니다.

2 그때그때 필요한 단어를 쉽게 찾아서 말할 수 있도록 한 손에 쏙 들어가는 사이즈로 만들었습니다.

3 모든 단어는 간단하면서도 그 단어의 핵심 뜻을 이해할 수 있도록 알기 쉬운 예문을 통해 익히도록 하였습니다.

4 표제단어에는 히라가나로 읽기를 표기하였으며, 아울러 누구라도 쉽게 읽을 수 있도록 한글로 그 발음을 표기하였습니다.

끝으로 학습자가 이 책을 통해 체계적이고 조직적인 학습을 한다면 빠른 시일 내에 일본어 단어 실력을 향상시킬 수 있습니다.

이 책의
내용

🔊 히라가나

일본어 문자 표기에는 히라가나, 카타카나, 한자, 이 세 가지를 병용해서 사용합니다. 히라가나는 인쇄나 필기 등의 모든 표기에 쓰이는 기본 문자입니다.

あ 아 a	い 이 i	う 우 u	え 에 e	お 오 o
か 카 ka	き 키 ki	く 쿠 ku	け 케 ke	こ 코 ko
さ 사 sa	し 시 si	す 스 su	せ 세 se	そ 소 so
た 타 ta	ち 치 chi	つ 츠 tsu	て 테 te	と 토 to
な 나 na	に 니 ni	ぬ 누 nu	ね 네 ne	の 노 no
は 하 ha	ひ 히 hi	ふ 후 hu	へ 헤 he	ほ 호 ho
ま 마 ma	み 미 mi	む 무 mu	め 메 me	も 모 mo
や 야 ya		ゆ 유 yu		よ 요 yo
ら 라 ra	り 리 ri	る 루 ru	れ 레 re	ろ 로 ro
わ 와 wa		ん 응 n,m,ng		を 오 o

🔊 카타카나

카타카나는 히라가나와 발음은 동일하지만, 주로 외래어를 표기하거나 의성어,
의태어를 나타낼 때 사용합니다.

ア 아 a	イ 이 i	ウ 우 u	エ 에 e	オ 오 o
カ 카 ka	キ 키 ki	ク 쿠 ku	ケ 케 ke	コ 코 ko
サ 사 sa	シ 시 si	ス 스 su	セ 세 se	ソ 소 so
タ 타 ta	チ 치 chi	ツ 츠 tsu	テ 테 te	ト 토 to
ナ 나 na	ニ 니 ni	ヌ 누 nu	ネ 네 ne	の 노 no
ハ 하 ha	ヒ 히 hi	フ 후 hu	ヘ 헤 he	ホ 호 ho
マ 마 ma	ミ 미 mi	ム 무 mu	メ 메 me	モ 모 mo
ヤ 야 ya		ユ 유 yu		ヨ 요 yo
ラ 라 ra	リ 리 ri	ル 루 ru	レ 레 re	ロ 로 ro
ワ 와 wa		ン 응 n,m,ng		ヲ 오 o

🔊 탁음과 반탁음

か さ た は행의 글자 오른쪽 윗부분에 탁점(゛)을 붙인 음을 탁음이라고 하며,
반탁음은 は행의 오른쪽 윗부분에 반탁점(゜)을 붙인 것을 말합니다.

が ガ 가 ga	ぎ ギ 기 gi	ぐ グ 구 gu	げ ゲ 게 ge	ご ゴ 고 go
ざ ザ 자 za	じ ジ 지 zi	ず ズ 즈 zu	ぜ ゼ 제 ze	ぞ ゾ 조 zo
だ ダ 다 da	ぢ ヂ 지 zi	づ ヅ 즈 zu	で デ 데 de	ど ド 도 do
ば バ 바 ba	び ビ 비 bi	ぶ ブ 부 bu	べ ベ 베 be	ぼ ボ 보 bo
ぱ パ 파 pa	ぴ ピ 피 pi	ぷ プ 푸 pu	ぺ ペ 페 pe	ぽ ポ 포 po

🔊 요음

요음이란 い단 글자 중 자음에 반모음의 작은 글자 ゃ ゅ ょ를 붙인 음으로 우리 말의 ㅑ ㅠ ㅛ 같은 역할을 합니다.

きゃ キャ 캬 kya	**きゅ キュ** 큐 kyu	**きょ キョ** 쿄 kyo
しゃ シャ 샤 sha(sya)	**しゅ シュ** 슈 shu(syu)	**しょ ショ** 쇼 sho(syo)
ちゃ チャ 챠 cha(tya)	**ちゅ チュ** 츄 chu(tyu)	**ちょ チョ** 쵸 cho(tyo)
にゃ ニャ 냐 nya	**にゅ ニュ** 뉴 nyu	**にょ ニョ** 뇨 nyo
ひゃ ヒャ 햐 hya	**ひゅ ヒュ** 휴 hyu	**ひょ ヒョ** 효 hyo
みゃ ミャ 먀 mya	**みゅ ミュ** 뮤 myu	**みょ ミョ** 묘 myo
りゃ リャ 랴 rya	**りゅ リュ** 류 ryu	**りょ リョ** 료 ryo
ぎゃ ギャ 갸 gya	**ぎゅ ギュ** 규 gyu	**ぎょ ギョ** 교 gyo
じゃ ジャ 쟈 zya(ja)	**じゅ ジュ** 쥬 zyu(ju)	**じょ ジョ** 죠 zyo(jo)
びゃ ビャ 뱌 bya	**びゅ ビュ** 뷰 byu	**びょ ビョ** 뵤 byo
ぴゃ ピャ 퍄 pya	**ぴゅ ピュ** 퓨 pyu	**ぴょ ピョ** 표 pyo

🔊 발음

오십음도에서 마지막 글자인 ん은 단어의 첫머리에 올 수 없으며 항상 다른 글자 뒤에 쓰여 우리말의 받침과 같은 구실을 합니다. ん 다음에 오는 글자의 영향에 따라 다음과 같은 소리가 납니다.

ㅇ ん(ン) 다음에 か が행의 글자가 이어지면 'ㅇ'으로 발음한다.

えんき 연기　　　　**ミンク** 밍크
[엥끼]　　　　　　　[밍쿠]

ㄴ ん(ン) 다음에 さ ざ た だ な ら행의 글자가 이어지면 'ㄴ'으로 발음한다.

かんし 감시　　　　**はんたい** 반대
[칸시]　　　　　　　[한따이]

ヒント 힌트　　　　**パンダ** 팬더
[힌토]　　　　　　　[판다]

ㅁ ん(ン) 다음에 ま ば ぱ행의 글자가 이어지면 'ㅁ'으로 발음한다.

あんま 안마　　　　**テンポ** 템포
[암마]　　　　　　　[템포]

ㅇ ん(ン) 다음에 あ は や わ행의 글자가 이어지면 'ㄴ'과 'ㅇ'의 중간음으로 발음한다. 또한 단어 끝에 ん이 와도 마찬가지이다.

れんあい 연애　　　**にほん** 일본
[렝아이]　　　　　　[니홍]

🔊 촉음

촉음은 つ를 작은 글자 っ로 표기하며 뒤에 오는 글자의 영향에 따라 우리말 받침의 ㄱ ㅅ ㄷ ㅂ으로 발음합니다.

ㄱ   촉음인 っ(ッ) 다음에 か き く け こ가 이어지면 'ㄱ'으로 발음한다.

けっか 결과   **サッカー** 사커, 축구
[겍까]   [삭카―]

ㅅ   촉음인 っ(ッ) 다음에 さ し す せ そ가 이어지면 'ㅅ'으로 발음한다.

さっそく 속히, 재빨리   **クッション** 쿠션
[삿소꾸]   [쿳숑]

ㅂ   촉음인 っ(ッ) 다음에 ぱ ぴ ぷ ぺ ぽ가 이어지면 'ㅂ'으로 발음한다.

いっぱい 가득   **ヨーロッパ** 유럽
[입빠이]   [요―롭파]

ㄷ   촉음인 っ(ッ) 다음에 た ち つ て と가 이어지면 'ㄷ'으로 발음한다.

きって 우표   **タッチ** 터치
[긷떼]   [탇치]

*이 책에서는 ㄷ으로 발음하는 경우는 편의상 ㅅ으로 표기하였습니다.

🔊 장음

장음이란 같은 모음이 중복될 때 앞의 발음을 길게 발음하는 것을 말합니다. 카타카나에서는 장음부호를 ─로 표기합니다.

あ あ단에 모음 あ가 이어질 경우 뒤의 모음인 あ는 장음이 된다.

おかあさん 어머니 　　**スカート** 스커트
[오까-상] 　　　　　　　　[스카-토]

い い단에 모음 い가 이어질 경우 뒤의 모음인 い는 장음이 된다.

おじいさん 할아버지 　　**タクシー** 택시
[오지-상] 　　　　　　　　[타쿠시-]

う う단에 모음 う가 이어질 경우 뒤의 모음인 う는 장음이 된다.

くうき 공기 　　　　　**スーパー** 슈퍼
[구-끼] 　　　　　　　　　[스-파-]

え え단에 모음 え나 い가 이어질 경우 뒤의 모음인 え い는 장음이 된다.

おねえさん 누님, 누나 　**えいが** 영화
[오네-상] 　　　　　　　　[에-가]

お お단에 모음 お나 う가 이어질 경우 뒤의 모음인 お う는 장음이 된다.

こおり 얼음 　　　　　**とうふ** 두부
[코-리] 　　　　　　　　　[토-후]

PART 01

▼
●
●
●

명사

001 ☐ ☐ ☐ **挨拶** [あいさつ 아이사쯔] 인사	^{しょたいめん}初対面の**あいさつ**を交わす。 첫대면의 인사를 나누다.

---

002 ☐ ☐ ☐ **間** [あいだ 아이다] 사이, 간격	^{ふたり}二人の**間**は冷冷としている。 두 사람 사이는 냉랭하다.

---

003 ☐ ☐ ☐ **アイロン** [아이롱] 다리미	**アイロン**をかけてズボンのしわを伸ばす。 다리미질을 해서 바지 주름을 펴다.

---

004 ☐ ☐ ☐ **赤ちゃん** [あかちゃん 아까짱] 아기, 새끼	お母ちゃん、**赤ちゃん**が泣くよ。 엄마, 아가가 울어요.

---

005 ☐ ☐ ☐ **秋** [あき 아끼] 가을	いつの間にか**秋**になった。 어느덧 가을이 되었다.

---

006 ☐ ☐ ☐ **アクセサリー** [아쿠세사리-] 액세서리	^{はな}華やかな**アクセサリー**で身づくろいをする。 화려한 액세서리로 몸치장을 하다.

007
顎
[あご 아고]
턱, 아래턱

あごを心持ち引いてください。

턱을 조금만 당겨 주세요.

008
朝
[あさ 아사]
아침

朝早く起きるのが辛い。

아침 일찍 일어나는 것이 괴롭다.

009
明後日
[あさって 아삿떼]
모레

あさっての朝会いましょう。

모레 아침에 만납시다.

010
味
[あじ 아지]
맛

しょう油で味をつける。

간장으로 맛을 내다.

011
足
[あし 아시]
발, 걸음

足をそろえて歩く。

발을 맞춰 걷다.

012
アジア
[아지아]
아시아

アジア新記録を打ち立てる。

아시아 신기록을 수립하다.

013
☐
☐ **明日**
☐ [あした 아시따]
　　내일

あした<ruby>お宅<rt>たく</rt></ruby>にうかがいます。

내일 댁으로 찾아뵙겠습니다.

014
☐ **明日**
☐ [あす 아스]
☐ 내일

<ruby>今日<rt>きょう</rt></ruby>あすのことではない。

오늘 내일의 문제가 아니다.

015
☐ **汗**
☐ [あせ 아세]
☐ 땀

びっしょりと汗をかく。

흠뻑 땀을 흘리다.

016
☐ **遊び**
☐ [あそび 아소비]
☐ 놀이; 유흥

おもしろい<ruby>遊び<rt>さが</rt></ruby>を探してみよう。

재미나는 놀이를 찾아보자.

017
☐ **頭**
☐ [あたま 아따마]
☐ 머리

<ruby>頭<rt></rt></ruby>もいいし<ruby>気<rt>き</rt></ruby>だてもいい。

머리도 좋고 마음씨도 좋다.

018
☐ **後**
☐ [あと 아또]
☐ 뒤, 나중

後からついて<ruby>来る<rt>く</rt></ruby>。/ 後で<ruby>電話<rt>でんわ</rt></ruby>してね。

뒤에서 따라오다. / 나중에 전화 줘요.

019
アナウンサー
[아나운사]
아나운서

フリーアナウンサーに転身する。

프리랜서 아나운서로 전향하다.

020
兄
[あに 아니]
형; 오빠

兄に比べて弟が劣る。

형에 비해서 동생이 못하다.

021
姉
[あね 아네]
언니; 손위 누이

姉の服を妹に下ろす。

언니의 옷을 동생에게 물리다.

022
アパート
[아파-토]
아파트

家を引き払って新しいアパート
に住む。

집을 옮겨 새 아파트에 살다.

023
アフリカ
[아후리카]
아프리카

アフリカの秘境をレポする。

아프리카의 비경을 탐방 보도하다.

024
余り
[あまり 아마리]
남은 것; 나머지

会費の余りは返す。

회비 남은 것은 돌려주다.

19

025
□
□ **雨**
□ [あめ 아메]
비

今日も雨が降らない。

오늘도 비가 안 온다.

026
□
□ **飴**
□ [あめ 아메]
엿

飴をしゃぶる。

엿을 먹다.

027
□
□ **アメリカ**
□ [아메리카]
아메리카; 미국

今度アメリカに行くことになりました。

이번에 미국에 가게 되었습니다.

028
□
□ **アルコール**
□ [아루코-루]
알코올

ガーゼにアルコールを浸す。

가제에 알코올을 적시다.

029
□
□ **アルバイト**
□ [아루바이토]
아르바이트

アルバイトで学資をかせぐ。

아르바이트로 학비를 벌다.

030
□
□ **安全**
□ [あんぜん 안젱]
안전

安全を第一にゆっくり運転する。

안전을 제일로 천천히 운전하다.

031
☐
☐ **案内**
☐ [あんない 안나이]
안내

ガイドの案内で観光する。

가이드 안내로 관광하다.

032
☐
☐ **家**
☐ [いえ 이에]
집

ここがお前の家か。

여기가 네 집이야?

033
☐
☐ **以下**
☐ [いか 이까]
이하

小数点以下を切り捨てる。

소수점 이하를 떼버리다.

034
☐
☐ **以外**
☐ [いがい 이가이]
이외; 그 밖

仕事のこと以外に別の話はなかった。

업무 얘기 외는 별말이 없었다.

035
☐
☐ **医学**
☐ [いがく 이가꾸]
의학

医学知識が行き渡る。

의학 지식이 널리 보급되다.

036
☐
☐ **いくつ**
☐ [이꾸쯔]
몇; 몇 개, 몇 살

いくつか見せていただけませんか。

몇 가지 더 보여 주시겠어요?

21

037
☐ **いくら**
☐ [이꾸라]
☐ 얼마; 어느 정도

<ruby>全部<rt>ぜんぶ</rt></ruby><ruby>合<rt>あ</rt></ruby>わせていくらですか。

전부 합쳐서 얼마입니까?

038
☐ **池**
☐ [いけ 이께]
☐ 연못

<ruby>池<rt>いけ</rt></ruby>に<ruby>小石<rt>こいし</rt></ruby>を<ruby>投<rt>な</rt></ruby>げる。

연못에 돌맹이를 던지다.

039
☐ **意見**
☐ [いけん 이껭]
☐ 의견

わたしの**意見**はこれです。

제 의견은 이렇습니다.

040
☐ **石**
☐ [いし 이시]
☐ 돌

<ruby>紙<rt>かみ</rt></ruby>は**石**より<ruby>軽<rt>かる</rt></ruby>い。

종이는 돌보다 가볍다.

041
☐ **医者**
☐ [いしゃ 이샤]
☐ 의사

医者に<ruby>見<rt>み</rt></ruby>てもらう。

의사에게 진찰을 받다.

042
☐ **以上**
☐ [いじょう 이죠-]
☐ 이상

もうこれ**以上**<ruby>食<rt>た</rt></ruby>べられない。

이제 더 이상 못 먹겠다.

명사

043
□
□
□
椅子
[いす 이스]

의자

椅子を少しだけよけてください。

의자를 조금만 비켜주세요.

044
□
□
□
一時
[いちじ 이찌지]

일시, 한때; 한동안

一時は苦しいが我慢する。

잠시는 괴로우나 참고 견디다.

045
□
□
□
一日
[いちにち 이찌니찌]

일일, 하루

一日 中 食べてばかりいる。

하루 종일 먹기만 한다.

046
□
□
□
一番
[いちばん 이찌방]

일번; 첫째, 상책

一番で合格する。

일등으로 합격하다.

047
□
□
□
いつ
[이쯔]

언제

いつでも結構です。

언제라도 좋습니다.

048
□
□
□
糸
[いと 이또]

실

糸がするするほぐれる。

실이 스르르 풀리다.

23

049 ☐ **以内** ☐ [いない 이나이] ☐ 이내	よ さん いちまん **予算**は**一万**ドル**以内**です。 예산은 1만 달러 이하입니다.
050 ☐ **田舎** ☐ [いなか 이나까] ☐ 시골	なつ おも く **夏**は**主**に**田舎**で**暮**らす。 여름에는 주로 시골에서 지낸다.
051 ☐ **犬** ☐ [いぬ 이누] ☐ 개	ほ **吠**える**犬**はかまない。 짖는 개는 물지 않는다.
052 ☐ **命** ☐ [いのち 이노찌] ☐ 목숨; 생명	かんじゃ たす **患者**の**命**を**助**ける。 환자의 목숨을 구하다.
053 ☐ **居間** ☐ [いま 이마] ☐ 거실; 거처방	せま **居間**のスペースが**狭**い。 거실 공간이 좁다.
054 ☐ **今** ☐ [いま 이마] ☐ 지금	と **今**どこにお**泊**まりですか。 지금 어디에 묵고 계십니까?

055
意味
[いみ 이미]
의미; 뜻

これはどういう意味ですか。

이건 무슨 뜻이죠?

056
妹
[いもうと 이모-또]
누이동생

彼は妹たちを連れて行った。

그는 누이동생들을 데려갔다.

057
入口
[いりぐち 이리구찌]
입구

入口は建物の裏にある。

입구는 건물 뒤쪽에 있다.

058
色
[いろ 이로]
색; 빛

何色がほしいですか。

어떤 색을 원하십니까?

059
色々
[いろいろ 이로이로]
여러 가지 종류; 가지각색

色々のサンプルを見くらべる。

여러 가지 샘플을 비교해 보다.

060
上
[うえ 우에]
위

机の上を片付ける。

책상 위를 정리하다.

061 受付
[うけつけ 우께쓰께]
접수, 접수처

今日の受付はもう締め切りました。

오늘 접수는 벌써 마감했습니다.

---

062 後ろ
[うしろ 우시로]
뒤, 뒤쪽

車が後ろから追って来る。

차가 뒤에서 쫓아오다.

---

063 嘘
[うそ 우소]
거짓말

もっともらしい嘘をつく。

그럴듯한 거짓말을 하다.

---

064 歌
[うた 우따]
노래

彼らはみんな同じ歌を歌っていました。

그들은 모두 같은 노래를 부르고 있었습니다.

---

065 腕
[うで 우데]
팔, 솜씨; 실력

子供が腕にぶらさがる。

아이가 팔에 매달리다.

---

066 海
[うみ 우미]
바다

左手に海が見える。

왼쪽에 바다가 보이다.

067
裏
[うら 우라]
뒤; 뒷면

彼の言葉には裏の意味がある。

그의 말에는 다른 뜻이 있다.

068
売り場
[うりば 우리바]
파는 곳; 매장

ここはネクタイ売り場です。

여기는 넥타이 매장입니다.

069
上着
[うわぎ 우와기]
겉옷

背広の上着とズボンを買う。

신사복의 윗도리와 바지를 사다.

070
運
[うん 웅]
운; 운수

運が付いて回る。

항상 운이 따르다.

071
運転
[うんてん 운뗑]
운전

もっとゆっくり運転しなさい。

좀 더 천천히 운전하세요.

072
運転手
[うんてんしゅ 운뗑슈]
운전기사

とうさんはトラックの運転手だ。

우리 아빠는 트럭기사야.

073
□ **運動**
□ [うんどう 운도-]
□ 운동

過激な運動は体に悪い。

과격한 운동은 몸에 해롭다.

074
□ **絵**
□ [え 에]
□ 그림

休みの日は絵を描く。

쉬는 날은 그림을 그린다.

075
□ **映画**
□ [えいが 에-가]
□ 영화

その映画はまだ見ていない。

그 영화는 아직 못 보았다.

076
□ **営業**
□ [えいぎょう 에-교-]
□ 영업

日曜日には営業しません。

일요일에는 영업하지 않습니다.

077
□ **英語**
□ [えいご 에이고]
□ 영어

日本語と英語をちゃんぽんに話す。

일본말과 영어를 뒤섞어서 말하다.

078
□ **駅**
□ [えき 에끼]
□ 역

駅まで迎えに行く。

역까지 마중하러 가다.

079
エスカレーター
[에스카레-타-]
에스컬레이터

駅の下りエスカレーターに乗る。

역의 내려가는 에스컬레이터를 타다.

080
枝
[えだ 에다]
가지, 갈래

鳥が木の枝に留まる。

새가 나뭇가지에 앉다.

081
エレベーター
[에레베-타-]
엘리베이터

エレベーターで上に上がってください。

엘리베이터를 타고 올라 가십시오.

082
円
[えん 엥]
둥근 것, 엔(화폐단위)

鳥が円を描いて飛ぶ。/円が高くなる。

새가 원을 그리며 날다. / 엔화가 오르다.

083
鉛筆
[えんぴつ 엠삐쯔]
연필

鉛筆できれいな字を書く。

연필로 예쁜 글씨를 쓰다.

084
遠慮
[えんりょ 엔료]
사양, 겸손

遠慮なくいただきます。

사양 않고 먹겠습니다.

085
大勢
[おおぜい 오-제-]
많은 사람; 여럿

人が大勢いるので恥ずかしいんだろう。

사람이 많아 부끄럽겠지.

086
オートバイ
[오-토바이]
오토바이

彼らは盗んだオートバイで逃げた。

그들은 훔친 오토바이를 타고 도주했다.

087
お母さん
[おかあさん 오까상]
어머니

お母さん! お小遣いがなくなっちゃった。

엄마! 나 용돈 떨어졌어.

088
お陰
[おかげ 오까게]
덕택; 덕분

すべてが先生のお陰です。

모든 것이 선생님 덕택입니다.

089
お金
[おかね 오까네]
돈

お金を借りてもいいですか。

돈 좀 빌려 주시겠어요?

090
億
[おく 오꾸]
억

億という数にのぼる。

억이라는 수에 달하다.

091
□
□
□
奥さん
[おくさん 옥상]

부인; 아주머니

奥さんも一緒に連れてきてください。

부인도 함께 모시고 오세요.

092
□
□
□
屋上
[おくじょう 오꾸죠-]

옥상

屋上から町の全景が見える。

옥상에서 시내의 전경이 보인다.

093
□
□
□
贈り物
[おくりもの 오꾸리모노]

선물

贈り物用に包んでください。

선물용으로 포장해 주세요.

094
□
□
□
おじ
[伯父・叔父 오지]

삼촌; 외숙부; 고모부; 이모부

おじの家に寄宿する。

백부[숙부] 댁에 기숙하다.

095
□
□
□
お祖父さん
[おじいさん 오지-상]

할아버지

お祖父さんの話をおとなしく聞いている。

할아버지 말씀을 얌전하게 듣고 있다.

096
□
□
□
押し入れ
[おしいれ 오시이레]

반침; 벽장

押し入れから布団を引き出す。

벽장에서 이불을 꺼내다.

---

097 □ □ □ **おじさん** [伯父・叔父さん 오지상] 아저씨	荷物はおじさんを通して送りました。 짐은 아저씨 편으로 보냈습니다.
098 □ □ □ **お茶** [おちゃ 오차] 차	コーヒーとお茶とジュースとどれがいいですか。 커피와 차와 주스 어느 것이 좋습니까?
099 □ □ □ **夫** [おっと 옷또] 남편	夫の帰りを待つ。 남편의 귀가를 기다리다.
100 □ □ □ **音** [おと 오또] 소리	音のする方に顔を向ける。 소리 나는 쪽으로 얼굴을 돌리다.
101 □ □ □ **お父さん** [おとうさん 오또-상] 아버지	あなたのお父さん、お元気ですか。 댁의 아버님은 안녕하십니까?
102 □ □ □ **弟** [おとうと 오또-또] 남동생; 아우	兄を弟と思い違える。 형을 아우로 착각하다.

103
☐
☐ **男**
☐ [おとこ 오또꼬]
남자

あの**男**はふまじめだ。

저 남자는 불성실하다.

104
☐
☐ **男の子**
☐ [おとこのこ 오또꼬노 꼬]
사내아이; 젊은 남자

彼女は**男の子**たちに人気です。

그녀는 남자들에게 인기가 있어요.

105
☐
☐ **落し物**
☐ [おとしもの 오또시모노]
분실물

落し物を交番に届ける。

분실물을 파출소에 신고하다.

106
☐
☐ **一昨日**
☐ [おととい 오또또이]
그저께

一昨日会いました。

그저께 만났습니다.

107
☐
☐ **一昨年**
☐ [おととし 오또또시]
재작년

そこには**一昨年**行った。

거기에는 재작년에 갔다.

108
☐
☐ **大人**
☐ [おとな 오또나]
어른

彼は体は**大人**だが、することは子供だ。

그는 몸집은 어른인데, 하는 짓은 아이다.

109
踊り
[おどり 오도리]
춤

踊りのけいこをする。

춤을 배우다.

110
お腹
[おなか 오나까]
배

お腹がいっぱいです。

배가 부릅니다.

111
お兄さん
[おにいさん 오니-상]
형; 형님, 오빠

あなたは**お兄さん**によく似ていますね。

당신은 형님을 많이 닮았군요.

112
お姉さん
[おねえさん 오네-상]
언니, 누님; 누나

お姉さんは結婚なさってますか。

누님은 결혼하셨나요?

113
おば
[叔母・伯母 오바]
아주머니

わたしとは**おば**の関係です。

나의 아주머니 뻘입니다.

114
お祖母さん
[おばあさん 오바-상]
할머니

お祖母さんからいただいたものです。

할머님께서 주신 물건입니다.

115
□
□ **おばさん**
□ [叔母・伯母さん 오바상]
아주머니

あのおばさんは情が厚い。

저 아주머니는 마음이 후하다.

116
□
□ **お祭り**
□ [おまつり 오마쯔리]
축제

待ちに待ったお祭りの日が来ました。

기다리고 기다리던 축제일이 왔습니다.

117
□
□ **玩具**
□ [おもちゃ 오모쨔]
장난감

玩具のロボットを組み立てる。

장난감 로봇을 조립하다.

118
□
□ **表**
□ [おもて 오모떼]
표면, 거죽; 겉

表に内容を表示する。

겉에 내용을 표시하다.

119
□
□ **終わり**
□ [おわり 오와리]
끝; 마지막

今日はこれで終わりにしよう。

오늘은 이쯤에서 끝내기로 하자.

120
□
□ **音楽**
□ [おんがく 옹가꾸]
음악

わたしはロック音楽が好きです。

나는 록음악을 좋아합니다.

121
女
[おんな 온나]
여자

女たちはおしゃべりをしていた。

여자들이 수다를 떨고 있었다.

122
女の子
[おんなのこ 온나노 꼬]
계집아이, 젊은 여자

どんなタイプの女の子が好き
ですか。

어떤 스타일의 여자를 좋아하세요?

123
カーテン
[카-텡]
커튼

カーテンで間仕切りをする。

커튼으로 칸막이를 하다.

124
海岸
[かいがん 카이강]
해안; 바닷가

この海岸は夏場だけです。

이 해안은 여름 한철뿐입니다.

125
会議
[かいぎ 카이기]
회의

会議は何時ですか。

회의 시간이 몇 시죠?

126
外国
[がいこく 가이코꾸]
외국

何回外国へ行きましたか。

몇 번 외국에 갔습니까?

127
☐
☐ **外国人**
☐ [がいこくじん 가이코꾸징]

외국인

外国人と英語で会話する。
えい ご　　　かい わ

외국인과 영어로 대화하다.

128
☐
☐ **会社**
☐ [かいしゃ 카이샤]

회사

会社を辞めるつもりだ。
や

회사를 그만둘 생각이다.

129
☐
☐ **会場**
☐ [かいじょう 카이죠-]

회장

会場から急いで退場する。
いそ　　　たいじょう

회의장에서 서둘러 퇴장하다.

130
☐
☐ **階段**
☐ [かいだん 카이당]

계단

階段を上がったり下がったりす
あ　　　　 さ
る。

계단을 오르락 내리락하다.

131
☐
☐ **外部**
☐ [がいぶ 가이부]

외부

エネルギーを**外部**へ放出する。
ほうしゅつ

에너지를 외부로 방출하다.

132
☐
☐ **買い物**
☐ [かいもの 카이모노]

물건사기; 쇼핑

スーパーへ**買い物**に行く。
い

슈퍼에 물건을 사러 가다.

---

133 **会話** [かいわ 카이와] 회화	日本語の会話を習う。 일본어 회화를 배우다.
134 **帰り** [かえり 카에리] 돌아옴; 돌아감; 돌아올 때	学校の帰りに本屋に寄る。 학교(에)서 돌아오는 길에 책방에 들르다.
135 **顔** [かお 카오] 얼굴	顔が真っ青になる。 얼굴이 새파래지다.
136 **科学** [かがく 카가꾸] 과학	科学技術の進歩はめざましい。 과학 기술의 진보는 눈부시다.
137 **鏡** [かがみ 카가미] 거울	光が鏡に反射する。 빛이 거울에 반사하다.
138 **鍵** [かぎ 카기] 열쇠	部屋の鍵をいただけますか。 방 열쇠를 주시겠어요?

139
☐
☐ **学生**
[がくせい 각세-]

☐ 학생; 대학생

学生さん、これちょっと**教**えてね。

학생, 이것 좀 가르쳐 줘요.

140
☐ **傘**
☐ [かさ 카사]
☐

우산

傘は**忘**れないようにしてね。

우산을 잊지 않도록 해요.

141
☐ **飾り**
☐ [かざり 카자리]
☐

꾸밈, 장식

襟にレースの**飾り**をつける。

옷깃에 레이스 장식을 달다.

142
☐ **火事**
☐ [かじ 카지]
☐

화재; 불

山火事は**見る見る広**がった。

산불은 삽시간에 번졌다.

143
☐ **歌手**
☐ [かしゅ 카슈]
☐

가수

あなたの**好**きな**歌手**は**誰**ですか。

당신이 좋아하는 가수가 누구입니까?

144
☐ **ガス**
☐ [가스]
☐

가스

ガスが**漏**れるかどうか**調**べる。

가스가 새는지 어떤지 살펴보다.

145
風
[かぜ 카제]
바람

風が強く吹く。

바람이 세차게 불다.

146
風邪
[かぜ 카제]
감기

風邪で熱がある。

감기로 열이 있다.

147
家族
[かぞく 카조꾸]
가족

ご家族の皆さんによろしく。

가족들께 안부 전해 주세요.

148
ガソリン
[가소링]
가솔린; 휘발유

ガソリンを満タンにする。

휘발유를 탱크 가득 채우다.

149
ガソリンスタンド
[가소린스탄도]
주유소

この辺にガソリンスタンドはありますか。

이 근처에 주유소가 있나요?

150
肩
[かた 카따]
어깨

軽く肩をたたく。

가볍게 어깨를 두드리다.

151
方
[かた 카따]
쪽; 편, ~분(사람)

お望みの方にこれを差し上げます。

희망하시는 분께 이것을 드리겠습니다.

152
形
[かたち 카따찌]
모양, 형태

水には決まった形がない。

물에는 일정한 모양이 없다.

153
格好
[かっこう 칵꼬-]
모습; 꼴

惨めな恰好をしている。

비참한 꼴을 하고 있다.

154
学校
[がっこう 각꼬-]
학교

歩いて学校に通う。

걸어서 학교에 다니다.

155
カップ
[캅뿌]
컵

牛乳をカップにそそぐ。

우유를 컵에 따르다.

156
家庭
[かてい 카떼-]
가정

梅酒は家庭でもよく作られます。

매실주는 가정에서도 자주 만듭니다.

157
☐
☐ **角**
☐ [かど 카도]
구석, 길모퉁이

角を曲がって行く。

모퉁이를 돌아가다.

158
☐
☐ **家内**
☐ [かない 카나이]
아내; 집사람

家内と僕は同い年です。

아내와 나는 동갑입니다.

159
☐
☐ **金持ち**
☐ [かねもち 카네모찌]
부자

そうして彼は金持ちになった。

그렇게 해서 그는 부자가 되었다.

160
☐
☐ **かばん**
☐ [鞄 카방]
가방

かばんをタクシーに忘れました。

가방을 택시에 두고 내렸어요.

161
☐
☐ **花瓶**
☐ [かびん 카빙]
꽃병

花瓶いっぱい菊を生ける。

꽃병 가득히 국화를 꽂다.

162
☐
☐ **壁**
☐ [かべ 카베]
벽

壁に落書きする。

벽에 낙서하다.

163
☐
☐ **髪**
☐ [かみ 카미]
머리

髪を短く刈る。
머리를 짧게 깎다.

164
☐ **紙**
☐ [かみ 카미]
☐ 종이

紙とのりで模型を作る。
종이와 풀로 모형을 만들다.

165
☐ **カメラ**
☐ [카메라]
☐ 카메라

私のカメラが見つかりません。
제 카메라가 보이지 않습니다.

166
☐ **火曜日**
☐ [かようび 카요-비]
☐ 화요일

次の火曜日はどうですか。
다음 화요일은 어때요?

167
☐ **ガラス**
☐ [가라스]
☐ 유리

ガラスに手を触れるな。
유리에 손을 대지 마라.

168
☐ **体**
☐ [からだ 카라다]
☐ 몸, 육체

タバコは体に悪いものだ。
담배는 몸에 해로운 것이다.

---

169 カレー
[카레-]
카레

本場のカレーは舌にひりりとくる。

본고장의 카레는 혀가 얼얼하다.

170 カレンダー
[카렌다-]
캘린더; 달력

卓上カレンダーをめくる。

탁상 달력을 넘기다.

171 川・河
[かわ 카와]
하천; 강

川を渡って来る。

강을 건너오다.

172 側
[がわ 가와]
옆; 곁, 측; 편

被害者の側に立って考える。

피해자 편에 서서 생각하다.

173 代わり
[かわり 카와리]
대리; 대용, 교대

ご飯の代わりにパンを食べる。

밥 대신 빵을 먹다.

174 関係
[かんけい 캉께-]
관계

それは私とは関係ありません。

그것은 저와는 관계없습니다.

175
観光
[かんこう 캉꼬-]
관광

観光バスをチャーターする。
관광 버스를 전세 내다.

176
漢字
[かんじ 칸지]
한자

漢字と仮名を混用する。
한자와 가나를 혼용하다.

177
簡単
[かんたん 칸땅]
간단

用件だけ簡単に話しなさい。
용건만 간단히 말하시오.

178
木
[き 키]
나무

木を根本から切る。
나무를 밑동에서 자르다.

179
機械
[きかい 키까이]
기계

機械が故障する。
기계가 고장나다.

180
期間
[きかん 키깡]
기간

契約の期間が切れる。
계약 기간이 끝나다.

181 聞き取り
[ききとり 키끼또리]

듣기

今日は**聞き取り**の試験がある。

오늘은 듣기 시험이 있다.

182 危険
[きけん 키껭]

위험

危険が足下に迫っている。

위험이 눈앞에 닥쳐 있다.

183 記者
[きしゃ 키샤]

기자

あそこに見える人は**記者**だろう。

저기 보이는 사람은 기자일걸.

184 汽車
[きしゃ 키샤]

기차

汽車を利用すると便利です。

기차를 이용하면 편리합니다.

185 技術
[ぎじゅつ 기쥬쯔]

기술

新しい**技術**を開発する。

새로운 기술을 개발하다.

186 季節
[きせつ 키세쯔]

계절; 철

この**季節**は風が強い。

이 계절은 바람이 세다.

187
規則
[きそく 키소꾸]
규칙

れいがい
例外のない**規則**はない。

예외 없는 규칙은 없다.

188
北
[きた 키따]
북쪽

めん　まど
北に面する窓がある。

북쪽을 향하고 있는 창문이 있다.

189
ギター
[기타-]
기타

ひ　　　　うた
ギターを弾きながら歌いかける。

기타를 치며 노래하기 시작하다.

190
切手
[きって 킷떼]
우표

しゅみ　　　　あつ
趣味に**切手**を集める。

취미로 우표를 모으다.

191
切符
[きっぷ 킵뿌]
표

この**切符**をキャンセルしてもい
いですか。

이 표를 취소해도 됩니까?

192
絹
[きぬ 키누]
명주; 비단, 실크

み
絹のネクタイをいくつか見せて
ください。

실크 넥타이를 몇 개 보여 주세요.

193
□
□
□

昨日
[きのう 키노-]
어제

昨日のことがまったく思い出せない。

어제 일이 전혀 생각나지 않는다.

194
□
□
□

気分
[きぶん 키붕]
기분

そういう**気分**じゃないです。

그럴 기분이 아니예요.

195
□
□
□

気持ち
[きもち 키모찌]
마음; 기분

早起きは**気持ち**がいい。

일찍 일어나면 기분이 좋다.

196
□
□
□

着物
[きもの 키모노]
옷; 의복; 일본전통 옷

着物を着ろと言いなさい。

옷을 입으라 해라.

197
□
□
□

急行
[きゅうこう 큐-꼬-]
급행

各駅停車から**急行**に乗り換える。

완행에서 급행으로 갈아타다.

198
□
□
□

牛肉
[ぎゅうにく 규-니꾸]
쇠고기

この**牛肉**をステーキ用にいかがですか。

이 쇠고기는 스테이크용으로 어떠세요?

199
牛乳
[ぎゅうにゅう 규-뉴-]
우유

牛乳からチーズが出来る。

우유에서 치즈가 만들어진다.

200
今日
[きょう 쿄-]
오늘

大会は今日開催される。

대회는 오늘 개최된다.

201
教育
[きょういく 쿄-이꾸]
교육

マルチメディア教育を受ける。

멀티미디어 교육을 받다.

202
教会
[きょうかい 쿄-까이]
교회

日曜日は決まって教会に行く。

일요일은 반드시 교회에 간다.

203
教室
[きょうしつ 쿄-시쯔]
교실

教室から校庭に出る。

교실에서 교정으로 나오다.

204
兄弟
[きょうだい 쿄-다이]
형제

兄弟か姉妹はいますか。

형제나 자매가 있나요?

205 ☐☐☐	**興味** [きょうみ 쿄-미] 흥미	あなたは何のスポーツに興味 がありますか。 당신은 어떤 스포츠의 흥미가 있습니까?

206 ☐☐☐	**去年** [きょねん 쿄넹] 작년	今年の冬は去年より寒い。 올 겨울은 작년보다 춥다,

207 ☐☐☐	**キロ** [키로] 킬로	二つの町は10キロ離れている。 두 도시는 10킬로 떨어져 있다.

208 ☐☐☐	**金魚** [きんぎょ 킹교] 금붕어	金魚が口をぱくぱくさせる。 금붕어가 입을 빠끔빠끔 벌리다.

209 ☐☐☐	**銀行** [ぎんこう 깅꼬-] 은행	この銀行に口座はありますか。 이 은행에 계좌는 있습니까?

210 ☐☐☐	**近所** [きんじょ 킨죠] 근처; 근방	学校のすぐ近所に住んでいる。 학교 바로 근처에 살고 있다.

211
□
□
□

具合

[ぐあい 구아이]

형편; 상태

<ruby>明日<rt>あす</rt></ruby>なら**具合**がよろしいので
すが。

내일이라면 형편이 닿겠는데요.

212
□
□
□

空気

[くうき 쿠-끼]

공기

<ruby>朝<rt>あさ</rt></ruby>の<ruby>新鮮<rt>しんせん</rt></ruby>な**空気**を<ruby>吸<rt>す</rt></ruby>う。

아침의 신선한 공기를 들이마시다.

213
□
□
□

空港

[くうこう 쿠-꼬-]

공항

<ruby>友<rt>とも</rt></ruby>を<ruby>見送<rt>みおく</rt></ruby>りに**空港**へ<ruby>行<rt>い</rt></ruby>く。

친구를 전송하러 공항에 가다.

214
□
□
□

草

[くさ 쿠사]

풀

<ruby>牛<rt>うし</rt></ruby>が<ruby>牧場<rt>ぼくじょう</rt></ruby>で**草**を<ruby>食<rt>は</rt></ruby>んでいる。

소가 목장에서 풀을 뜯고 있다.

215
□
□
□

薬

[くすり 쿠스리]

약

<ruby>食事<rt>しょくじ</rt></ruby>の<ruby>前<rt>まえ</rt></ruby>に**薬**を<ruby>飲<rt>の</rt></ruby>む。

식사 전에 약을 먹는다.

216
□
□
□

果物

[くだもの 쿠다모노]

과일

<ruby>食後<rt>しょくご</rt></ruby>に**果物**を<ruby>食<rt>た</rt></ruby>べる。

식후에 과일을 먹다.

217
☐
☐ 口 [くち 쿠찌]
☐
입

口を開けてあくびをする。

입을 벌리고 하품을 하다.

218
☐
☐ 靴 [くつ 쿠쯔]
☐
신발; 구두

この靴はぴったりです。

이 신발은 딱 맞습니다.

219
☐
☐ 靴下 [くつした 쿠쯔시따]
☐
양말

靴下をちぐはぐにはく。

양말을 짝짝이로 신다.

220
☐
☐ 国 [くに 쿠니]
☐
나라

お国はどちらですか。

출신지는[고향은] 어디십니까?

221
☐
☐ 首 [くび 쿠비]
☐
목

スカーフを首に巻付ける。

스카프를 목에 감아 두르다.

222
☐
☐ 雲 [くも 쿠모]
☐
구름

空には雲ひとつありません。

하늘에는 구름 한 점이 없습니다.

223
曇り
[くもり 쿠모리]
흐림, 불투명함

曇り時々にわか雨です。
대체로 흐리고 가끔 소나기가 온데요.

224
位
[くらい 쿠라이]
지위; 계급, 정도; 만큼

位が高い。/どれくらい時間が
かかりますか。
지위가 높다. / 얼마나 시간이 걸립니까?

225
グラス
[구라스]
글라스; 유리컵

グラスにワインを満す。
글라스에 와인을 가득 채우다.

226
クラス
[쿠라스]
클래스, 학급, 등급

彼はクラスで最下位である。
그는 반에서 꼴찌이다.

227
グラム
[구라무]
그램

この手紙は何グラムですか。
이 편지 몇 그램입니까?

228
車
[くるま 쿠루마]
차

車にガソリンを入れる。
차에 기름을 넣다.

229
- ☐
- ☐
- ☐

毛

[け 케]

털

毛のシャツを着る。

털셔츠를 입다.

230
- ☐
- ☐
- ☐

計画

[けいかく 케-카꾸]

계획

無理に計画を進める。

무리하게 계획을 추진하다.

231
- ☐
- ☐
- ☐

警官

[けいかん 케-깡]

경찰관

入り口に警官が頑張っている。

입구에 경관이 버티고 있다.

232
- ☐
- ☐
- ☐

経験

[けいけん 케-껭]

경험

他に業務経験はありますか。

다른 업무 경험 있으세요?

233
- ☐
- ☐
- ☐

経済

[けいざい 케-자이]

경제

経済的にバックアップする。

경제적으로 후원하다.

234
- ☐
- ☐
- ☐

警察

[けいさつ 케-사쯔]

경찰

警察を呼んだ方がいいです。

경찰을 부르는 게 좋겠습니다.

235

ケーキ

[케-키]

케이크

このケーキは甘みが強い。

이 케이크는 너무 달다.

236

ゲーム

[게-무]

게임

このゲームは生放送ですか。

이 게임은 생방송입니까?

237

怪我

[けが 케가]

상처; 부상

怪我人はいますか。

다친 사람이 있습니까?

238

今朝

[けさ 케사]

오늘 아침

今朝は少し霧が出ています。

오늘 아침은 조금 안개가 끼어 있습니다.

239

景色

[けしき 케시끼]

경치; 풍경

実に美しい景色だな。

참 아름다운 경치로구나.

240

消しゴム

[けしゴム 케시고무]

고무지우개

消しゴムで文字を消す。

지우개로 글씨를 지우다.

55

241
□
□
□
下宿
[げしゅく 게슈꾸]

하숙

<ruby>三<rt>さん</rt></ruby><ruby>食<rt>しょく</rt></ruby>とも**下宿**でとる。

세 끼니를 다 하숙에서 먹는다.

242
□
□
□
結婚
[けっこん 켁꽁]

결혼

ついに<ruby>二人<rt>ふたり</rt></ruby>は**結婚**した。

마침내 두 사람은 결혼했다.

243
□
□
□
欠席
[けっせき 켓세끼]

결석

<ruby>今日<rt>きょう</rt></ruby>は<ruby>風邪<rt>かぜ</rt></ruby>にてやむなく**欠席**
いたします。

오늘은 감기로 부득이 결석하겠습니다.

244
□
□
□
原因
[げんいん 겡잉]

원인

その**原因**は<ruby>何<rt>なん</rt></ruby>ですか。

그 원인이 뭔가요?

245
□
□
□
喧嘩
[けんか 켕까]

다툼; 싸움

喧嘩ではだれにも<ruby>負<rt>ま</rt></ruby>けない。

싸움으로는 누구에게도 지지 않는다.

246
□
□
□
玄関
[げんかん 겡깡]

현관

お<ruby>客<rt>きゃく</rt></ruby>を**玄関**で<ruby>迎<rt>むか</rt></ruby>え<ruby>入<rt>い</rt></ruby>れる。

손님을 현관에서 맞아들이다.

247
□
□ **元気**
□ [げんき 겡끼]
　　원기; 기력

ご家族の皆さんはお元気ですか。
<small>か　ぞく　　みな</small>

가족분들은 안녕하신가요?

248
□
□ **研究室**
□ [けんきゅうしつ 켕뀨-시쯔]
　　연구실

研究室に立てこもる。
<small>た</small>

연구실에 틀어박히다.

249
□
□ **見物**
□ [けんぶつ 켐부쯔]
　　구경

飯でも食べてから見物しよう。
<small>めし　　た</small>

밥이나 먹고 나서 구경하자.

250
□
□ **公園**
□ [こうえん 코-엥]
　　공원

公園のベンチに腰掛けて休む。
<small>こし か　　　やす</small>

공원 벤치에 걸터앉아 쉬다.

251
□
□ **郊外**
□ [こうがい 코-가이]
　　교외

郊外にアパートを建築する。
<small>けんちく</small>

교외에 아파트를 건축하다.

252
□
□ **講義**
□ [こうぎ 코-기]
　　강의

歴史の講義に出る。
<small>れき し　　　　　　で</small>

역사 강의에 나가다.

253
☐
☐
☐

工業
[こうぎょう 코-교-]

공업

ここは工業都市です。
<ruby>都市<rt>と し</rt></ruby>

여기는 공업 도시입니다.

254
☐
☐
☐

高校
[こうこう 코-꼬-]

고교

地方の高校に転校する。
<ruby>地方<rt>ち ほう</rt></ruby> <ruby>転校<rt>てんこう</rt></ruby>

지방 고교로 전학하다.

255
☐
☐
☐

交差点
[こうさてん 코-사뗀]

네거리

最初の交差点を右に曲がって
ください。
<ruby>最初<rt>さいしょ</rt></ruby> <ruby>右<rt>みぎ</rt></ruby> <ruby>曲<rt>ま</rt></ruby>

첫 번째 네거리에서 오른쪽으로 도세요.

256
☐
☐
☐

工事
[こうじ 코-지]

공사

工事が思ったより早く進む。
<ruby>思<rt>おも</rt></ruby> <ruby>早<rt>はや</rt></ruby> <ruby>進<rt>すす</rt></ruby>

공사가 생각보다 빨리 진척되다.

257
☐
☐
☐

工場
[こうじょう 코-죠-]

공장

工場は作業を休んでいる。
<ruby>作業<rt>さぎょう</rt></ruby> <ruby>休<rt>やす</rt></ruby>

공장은 작업을 쉬고 있다.

258
☐
☐
☐

紅茶
[こうちゃ 코-쨔]

홍차

ティーポットに紅茶が入ってい
る。
<ruby>入<rt>はい</rt></ruby>

찻주전자 안에 차가 들어 있다.

259
校長
[こうちょう 코-쪼-]
교장

校長の事務を代行する。

교장의 사무를 대행하다.

260
交通
[こうつう 코-쓰-]
교통

事故で交通が渋滞する。

사고로 교통이 정체되다.

261
講堂
[こうどう 코-도-]
강당

講堂に集合してください。

강당에 집합해 주십시오.

262
工場
[こうば 코-바]
공장

父は工場で働いています。

아버지는 공장에서 일하고 있습니다.

263
交番
[こうばん 코-방]
파출소

交番で聞いたところが、すぐわかった。

파출소에서 물었더니 금방 알 수 있었다.

264
公務員
[こうむいん 코-무잉]
공무원

公務員の試験期日を公告する。

공무원의 시험 기일을 공고하다.

265
□
□ **声**
□ [こえ 코에]
소리

大きな声で返事する。

큰 소리로 대답하다.

266
□
□ **コート**
□ [코-토]
코트

わたしはあれよりこのコートのほうが好きだ。

나는 저것보다 이 코트가 더 마음에 든다.

267
□
□ **コーヒー**
□ [코-히-]
커피

コーヒーにしますか。紅茶にしますか。

커피로 하실래요? 홍차로 하실래요?

268
□
□ **氷**
□ [こおり 코-리]
얼음

氷の入った水をいただけますか。

얼음이 들어간 물을 주시겠어요?

269
□
□ **国際**
□ [こくさい 코꾸사이]
국제

国際空港は今パンク状態だ。

국제 공항은 지금 기능 마비 상태이다.

270
□
□ **国産**
□ [こくさん 코꾸상]
국산

舶来品が国産品を圧倒する。

외국 물건이 국산품을 압도하다.

271
- ☐
- ☐
- ☐

国民
[こくみん 코꾸밍]
국민

法をよく守ることは国民のつとめだ。

법을 잘 지키는 것은 국민의 의무다.

272
- ☐
- ☐
- ☐

国立
[こくりつ 코꾸리쯔]
국립

国立劇場では今何をやっていますか。

국립극장에서는 지금 무엇을 하고 있습니까?

273
- ☐
- ☐
- ☐

午後
[ごご 고고]
오후

明日の午後は暇ですか。

내일 오후에 시간 좀 있으세요?

274
- ☐
- ☐
- ☐

心
[こころ 코꼬로]
마음

心にもないお世辞を言う。

마음에도 없는 발림 말을 하다.

275
- ☐
- ☐
- ☐

故障
[こしょう 코쇼-]
고장

ヘッドフォンが故障しています。

헤드폰이 고장났습니다.

276
- ☐
- ☐
- ☐

個人
[こじん 코징]
개인

個人の意思を尊重する。

개인의 의사를 존중하다.

277
午前
[ごぜん 고젱]
오전

あの番組は午前9時に始まる。

그 프로그램은 오전 9시에 시작한다.

278
ご存じ
[ごぞんじ 고존지]
알고 계심, 아는 사람

お宅はこの事をご存じですか。

댁은 이 일을 알고 계십니까?

279
答え
[こたえ 코따에]
대답, 답안

答えは8ページの下にある。

해답은 8쪽 하단에 있다.

280
ご馳走
[ごちそう 고찌소-]
대접

今夜は私がご馳走します。

오늘 저녁은 제가 대접하겠습니다.

281
コップ
[콥뿌]
컵

ビールがコップに溢れる。

맥주가 컵에 넘치다.

282
事
[こと 코또]
일; 것, 사항; 사실

そんな事は知れたことだ。

그런 것은 다 아는 일이다.

283
今年
[ことし 코또시]
올해; 금년

今年はどこへ旅行に行きましたか。

올해엔 어디로 여행을 갔습니까?

284
言葉
[ことば 코또바]
말

言葉が聞き取れません。

말을 알아들을 수 없습니다.

285
子供
[こども 코도모]
아이, 자식; 아들딸

子供ばかりか大人まで。

아이들뿐만 아니라 어른까지.

286
小鳥
[ことり 코또리]
작은 새

小鳥のさえずりで目が覚めた。

새가 지저귀는 소리에 잠이 깼다.

287
この間
[このあいだ 코노 아이다]
일전; 요전

この間は失礼いたしました。

일전엔 실례했습니다.

288
この頃
[このごろ 코노고로]
요사이; 요 며칠

この頃いかがお過ごしでしょうか。

요즘 어떻게 지내시는지요?

289
ご飯

[ごはん 고항]

밥, 식사

ご飯の代かわりにパンを食たべる。

밥 대신 빵을 먹다.

290
コピー

[코피-]

카피; 복사

コピー機きが壊こわれてます。

복사기가 고장났습니다.

291
ごみ

[塵 고미]

쓰레기; 티끌; 먼지

ごみはくずかごにお捨すてください。

쓰레기는 쓰레기통에 버려 주세요.

292
米

[こめ 코메]

쌀

米にはうるちともち米ごめがある。

쌀에는 멥쌀과 찹쌀이 있다.

293
今回

[こんかい 콩까이]

금번; 이번

今回は比較的ひかくてきによくできた。

이번에는 비교적 잘 되었다.

294
今月

[こんげつ 콩게쯔]

이번 달

今月の二日ふつかに試験しけんがあった。

이달 2일에 시험이 있었다.

295
コンサート
[콘사-토]
콘서트

コンサートに行くのは好きですか。

콘서트에 가는 것을 좋아하십니까?

296
今週
[こんしゅう 콘슈-]
이번 주

今週中に仕上げる。

금주내에 완성하다.

297
今度
[こんど 콘도]
이번

ちぇっ、今度もまた落ちてしまった。

쳇, 이번에도 또 떨어졌네.

298
今晩
[こんばん 콤방]
오늘 밤

今晩お邪魔してよろしいでしょうか。

오늘 밤 방문해도 괜찮겠습니까?

299
コンピューター
[콤퓨-타-]
컴퓨터

わたくしは本当にコンピューター音痴です。

저는 정말로 컴맹입니다.

300
今夜
[こんや 콩야]
오늘 밤

このホテルへ泊まるのも今夜きりです。

이 호텔에 묵는 것도 오늘 밤뿐입니다.

301 ☐ ☐ ☐ **最近** [さいきん 사이낑] 최근	**最近**どのようにお過ごしですか。 요즘 어떻게 지내고 계세요?

302 ☐ ☐ ☐ **最後** [さいご 사이고] 최후, 마지막	**最後**まで見通す時間がない。 끝까지 다 볼 시간이 없다.

303 ☐ ☐ ☐ **最初** [さいしょ 사이쇼] 최초; 처음	**最初**からやり直してください。 처음부터 다시 시작하세요.

304 ☐ ☐ ☐ **財布** [さいふ 사이후] 지갑	**財布**を内ポケットに入れる。 지갑을 안주머니에 넣다.

305 ☐ ☐ ☐ **サイン** [사잉] 사인, 서명	名前の**サイン**をお願いします。 서명해 주세요.

306 ☐ ☐ ☐ **坂** [さか 사까] 비탈길; 고개	傾斜の緩やかな**坂**を登る。 경사가 완만한 비탈길을 오르다.

307
魚
[さかな 사까나]
물고기; 생선

この魚の名前は何ですか。
이 생선의 이름은 무엇입니까?

308
先
[さき 사끼]
앞, 선두

ランナーは先を切って走った。
주자는 맨 앞에 나서서 달렸다.

309
作品
[さくひん 사꾸힝]
작품

立派な作品に仕上げる。
훌륭한 작품으로 마무리하다.

310
作文
[さくぶん 사꾸붕]
작문

作文を添削して返す。
작문을 첨삭해서 돌려주다.

311
桜
[さくら 사꾸라]
벚나무; 벚꽃

近いうちに桜も咲くでしょう。
머지않아 벚꽃도 피겠지요.

312
先
[さっき 삭끼]
아까; 조금 전

先生は先お帰りになりました。
선생님은 아까 가셨습니다.

313
□
□
□
雑誌
[ざっし 잣시]
잡지

彼^{かれ}は居間^{いま}で**雑誌**をパラパラと
めくっていた。

그는 거실에서 잡지를 휙휙 넘겨보고 있었다.

314
□
□
□
砂糖
[さとう 사또-]
설탕

この味^{あじ}は**砂糖**よりしょう油^ゆが勝^か
っている。

이 맛은 설탕보다 간장 맛이 더하다.

315
□
□
□
サラダ
[사라다]
샐러드

サラダと新^{しん}ジャガを添^そえて出^だし
なさい。

샐러드와 햇감자를 곁들여 내세요.

316
□
□
□
産業
[さんぎょう 상교-]
산업

IT(アイティー)**産業**が大^{おお}いに
発達^{はったつ}した。

IT 산업이 크게 발달했다.

317
□
□
□
算数
[さんすう 산스-]
산수

算数の問題^{もんだい}を出^だす[解^とく]。

산수 문제를 내다[풀다].

318
□
□
□
賛成
[さんせい 산세-]
찬성

ご**賛成**の方^{かた}は手^てを挙^あげてくだ
さい。

찬성하시는 분은 손을 들어 주십시오.

319
サンダル
[산다루]
샌들

サンダルを右左にはく。

샌들을 뒤바꿔 신다.

320
サンドイッチ
[산도잇치]
샌드위치

彼女はサンドイッチを食べた。

그녀는 샌드위치를 먹었다.

321
散歩
[さんぽ 삼뽀]
산책

犬を連れて散歩に出かける。

개를 데리고 산책하러 나가다.

322
字
[じ 지]
자; 글자, 글씨

ろくに字も書けない。

제대로 글씨도 못 쓰다.

323
試合
[しあい 시아이]
시합

この試合は勝つに違いない。

이 시합은 틀림없이 이긴다.

324
塩
[しお 시오]
소금

スープに塩をつまんで入れる。

수프에 소금을 집어넣다.

325 仕方
□ [しかた 시까따]
□ 하는 방법; 수단

いまさら悔いても**仕方**がない。

이제 와서 후회해도 소용이 없다.

326 時間
□ [じかん 지깡]
□ 시간

時間がかかります。

시간이 걸립니다.

327 試験
□ [しけん 시껭]
□ 시험

試験を受けなければならない。

시험을 봐야 한다.

328 事故
□ [じこ 지꼬]
□ 사고

事故は彼の目前で起きた。

사고는 그의 눈앞에서 일어났다.

329 仕事
□ [しごと 시고또]
□ 일

汚れた**仕事**と難しい**仕事**は避けたいです。

더러운 일과 힘든 일은 피하고 싶어요.

330 辞書
□ [じしょ 지쇼]
□ 사전

むずかしい言葉を**辞書**で引く。

어려운 말을 사전에서 찾다.

331
☐
☐ **地震**
☐ [じしん 지싱]

지진

地震で多くの家が壊れた。
<small>おお　　　　いえ　こわ</small>

지진으로 많은 집이 허물어졌다.

332
☐
☐ **舌**
☐ [した 시따]

혀

彼女は舌打ちをした。
<small>かのじょ</small>

그녀는 입천장에 대고 혀를 찼다.

333
☐
☐ **下**
☐ [した 시따]

아래; 밑

わたしはあの人の下で働いて
おります。
<small>ひと　　　　はたら</small>

나는 저 사람 밑에서 일하고 있습니다.

334
☐
☐ **時代**
☐ [じだい 지다이]

시대

学生時代がなつかしいよ!
<small>がくせい</small>

학창시절이 그립다!

335
☐
☐ **下着**
☐ [したぎ 시따기]

속옷; 내의

下着が汗でぐっしょりとなる。
<small>あせ</small>

속옷이 땀으로 흠뻑 젖다.

336
☐
☐ **支度**
☐ [したく 시따꾸]

채비; 준비

支度をするから待ってください。
<small>ま</small>

채비를 할 테니 기다려 주세요.

71

337
失敗
[しっぱい 십빠이]
실패; 실수

また**失敗**すればもうお手上げだ。

또 실패하면 이제 끝장이다.

338
質問
[しつもん 시쯔몽]
질문

それは非常に難しい**質問**だ。

그건 매우 어려운 질문이다.

339
辞典
[じてん 지뗑]
사전

あなたは歩く百科**事典**ですね。

당신은 모르는 게 없군요.

340
自転車
[じてんしゃ 지뗀샤]
자전거

運動のために**自転車**に乗る。

운동을 위해 자전거를 타다.

341
自動
[じどう 지도-]
자동

自動的に変速する。

자동으로 변속하다.

342
自動車
[じどうしゃ 지도-샤]
자동차

自動車のエンジンがよくかからない。

자동차의 시동이 잘 안 걸린다.

343
品物
[しなもの 시나모노]
물품; 물건

ウインドーに**品物**を並べる。

윈도우에 물건을 진열하다.

344
支払い
[しはらい 시하라이]
지불; 지급

どこでお**支払い**できますか。

어디서 계산을 해야 합니까?

345
字引
[じびき 지비끼]
자전; 옥편; 사전

あの方は語学の生き**字引**だ。

저 분은 어학의 산자전이다.

346
島
[しま 시마]
섬

その**島**には船便があります。

그 섬에는 선편이 있습니다.

347
姉妹
[しまい 시마이]
자매

兄弟と**姉妹**とは仲がいいですか。

형제자매들과의 사이는 어떻습니까?

348
市民
[しみん 시밍]
시민

市長が**市民**と対話する。

시장이 시민과 대화하다.

349
事務所
[じむしょ 지무쇼]
사무소

事務所開設おめでとうございます。

사무실 개설을 축하드립니다.

350
社会
[しゃかい 샤까이]
사회

社会人として出発する。

사회인으로 출발하다.

351
写真
[しゃしん 샤싱]
사진

携帯カメラで撮った**写真**

폰카로 찍은 사진

352
社長
[しゃちょう 샤쬬-]
사장

社長に業務を報告する。

사장님께 업무를 보고하다.

353
シャツ
[샤쓰]
셔츠

セーターの下に**シャツ**を着る。

스웨터 속에 셔츠를 입다.

354
ジャム
[자무]
잼

パンに**ジャム**をたっぷり塗って食べる。

빵에 잼을 듬뿍 발라 먹다.

355
☐ **シャワー**
☐ [샤와-]
☐ 샤워

まいあさ
毎朝シャワーを浴びる。

매일 아침 샤워를 한다.

356
☐ **自由**
☐ [じゆう 지유-]
☐ 자유

せんたく きみ
選択は君の自由だ。

선택은 네 자유다.

357
☐ **習慣**
☐ [しゅうかん 슈-깡]
☐ 습관; 관습

はや ね はや お
早寝早起きの習慣をつける。

일찍 자고 일찍 일어나는 습관을 들이다.

358
☐ **週間**
☐ [しゅうかん 슈-깡]
☐ 주간

かれ じ かんはたら
彼らは1週間に40時間働く。

그들은 1주일에 40시간 일한다.

359
☐ **住所**
☐ [じゅうしょ 쥬-쇼]
☐ 주소

か
住所をここに書いてください。

주소를 여기에 적어 주세요.

360
☐ **ジュース**
☐ [쥬-스]
☐ 주스

なん
ビールが何なら、ジュースにし
ますか。

맥주가 뭣하면 주스로 하겠습니까?

361
柔道
[じゅうどう 쥬-도-]
유도

柔道選手が入場する。

유도 선수가 입장하다.

362
授業
[じゅぎょう 쥬교-]
수업

教科書なしで授業する。

교과서 없이 수업하다.

363
宿題
[しゅくだい 슈꾸다이]
숙제

それはいいとして、宿題はできたの。

그건 그렇다 치고, 숙제는 다 했니?

364
主人
[しゅじん 슈징]
주인, 남편

この家の主人はどなたですか。

이 집 주인은 누구십니까?

365
出席
[しゅっせき 슛세끼]
출석

強いてご出席には及びません。

일부러 출석하실 것까지는 없습니다.

366
出発
[しゅっぱつ 슙빠쯔]
출발

出発の用意であわただしい。

출발 준비로 분주하다.

367
☐
☐ **趣味**
☐ [しゅみ 슈미]
취미

うおつり
魚釣はわたしの趣味です。

낚시는 제 취미입니다.

368
☐
☐ **準備**
☐ [じゅんび 쥼비]
준비

ゆうしょく
夕食の準備ができました。

저녁식사 준비가 다 되었습니다.

369
☐
☐ **紹介**
☐ [しょうかい 쇼-까이]
소개

さいしょ　　じこ
まず最初に自己紹介をします。

먼저 제 소개를 하겠습니다.

370
☐
☐ **正月**
☐ [しょうがつ 쇼-가쯔]
정월; 설

ちゅうへいぎょう
そのレストランは正月中は閉業
していた。

그 식당은 설날 연휴 동안 문을 닫았다.

371
☐
☐ **小学校**
☐ [しょうがっこう 쇼-각꼬-]
초등학교

ねんせい　　　　　こ
小学校2年生のちびっ子

초등학교 2학년짜리 꼬마

372
☐
☐ **小説**
☐ [しょうせつ 쇼-세쯔]
소설

よ　　よ　　　　おもしろ
読めば読むほど面白い小説

읽으면 읽을수록 재미있는 소설

373
招待
[しょうたい 쇼-따이]
초대; 초청

招待してくれてありがとう。

초대해 주셔서 고마워요.

374
醤油
[しょうゆ 쇼-유]
간장

しょう油で味をととのえる。

간장으로 간을 하다.

375
将来
[しょうらい 쇼-라이]
장래; 미래

君は将来何になるつもりか。

너는 장래 무엇이 될 생각이야?

376
食事
[しょくじ 쇼꾸지]
식사

食事は用意しておきます。

식사는 준비해 두겠습니다.

377
食堂
[しょくどう 쇼꾸도-]
식당

簡易[大衆]食堂

간이[대중]식당

378
食料品
[しょくりょうひん 쇼꾸료-힝]
식료품

買い物袋に入った食料品

쇼핑봉지에 든 식료품

379
□
□ **女性**
□ [じょせい 죠세-]
여성; 여자

若い**女性**をターゲットにする。

젊은 여성을 타깃으로 하다.

380
□
□ **人口**
□ [じんこう 징꼬-]
인구

人口が都市に集中する。

인구가 도시에 몰리다.

381
□
□ **神社**
□ [じんじゃ 진쟈]
진자; 신사

神社には神がまつられている。

진자에는 신이 모셔져 있다.

382
□
□ **新聞**
□ [しんぶん 심붕]
신문

新聞全体を読みますか。

신문을 다 읽어보십니까?

383
□
□ **水泳**
□ [すいえい 스-에-]
수영

水泳は健康にとてもよい運動である。

수영은 건강에 매우 좋은 운동이다.

384
□
□ **水道**
□ [すいどう 스이도-]
수도, 상수도

水道が凍って水が出ない。

수도가 얼어서 물이 나오지 않는다.

79

385
☐
☐
☐
数学
[すうがく 스-가꾸]

수학

おそくまで**数学**の勉強をする。

늦게까지 수학 공부를 하다.

386
☐
☐
☐
スーツ
[스-쓰]

슈트; 양복

その**スーツ**はとてもお似合いで
すよ。

그 슈트 잘 어울려요.

387
☐
☐
☐
スーツケース
[스-쓰케-스]

슈트케이스; 여행용 가방

スーツケースをテーブルに載
せてください。

가방을 테이블 위에 올려 주십시오.

388
☐
☐
☐
スーパー
[스-파-]

슈퍼

スーパーへ買い物に行く。

슈퍼에 물건을 사러 가다.

389
☐
☐
☐
スカート
[스카-토]

스커트; 치마

花柄の**スカート**をはく。

꽃무늬 스커트를 입다.

390
☐
☐
☐
ステレオ
[스테레오]

스테레오

ステレオのボリュームを上げる。

스테레오의 볼륨을 올리다.

391
- [ ]
- [ ]
- [ ]

ストーブ
[스토-부]
스토브; 난로

寝室には電気ストーブがある。
しんしつ　　でんき

침실에는 전기스토브가 있다.

392
- [ ]
- [ ]
- [ ]

砂
[すな 스나]
모래

砂にセメントを混ぜる。
　　　　　　　　ま

모래에 시멘트를 섞다.

393
- [ ]
- [ ]
- [ ]

スピーカー
[스피-카-]
스피커

スピーカーの音を低くする。
　　　　　おと　ひく

스피커의 소리를 낮추다.

394
- [ ]
- [ ]
- [ ]

スピーチ
[스피-치]
스피치; 연설

スピーチは5分以内に収めてく
　　　　　ふん い ない　おさ
ださい。

스피치는 5분 이내로 끝내 주세요.

395
- [ ]
- [ ]
- [ ]

スプーン
[스푸-ㄴ]
스푼; 양식 숟가락

スプーンを落としました。
　　　　　お

스푼을 떨어뜨렸습니다.

396
- [ ]
- [ ]
- [ ]

スポーツ
[스포-쓰]
스포츠

あなたの好きなスポーツは何
　　　　す　　　　　　　　なん
ですか。

당신이 좋아하는 스포츠가 무엇입니까?

397
□
□ **ズボン**
□ [즈봉]
□ 바지

このズボンをもっと短くできますか。

바지를 더 짧게 해 줄 수 있습니까?

398
□ **すり**
□ [스리]
□ 소매치기

財布をすりにすられる[やられる]。

지갑을 소매치기당하다.

399
□ **スリッパ**
□ [스립파]
□ 슬리퍼

スリッパでぱたぱた歩く。

슬리퍼를 짤짤 끌며 걷다.

400
□ **背**
□ [せ 세]
□ 등

壁に背をもたせかける。

벽에 등을 기대다.

401
□ **背**
□ [せい 세-]
□ 높이; 키

どんぐりの背比べ

도토리 키재기

402
□ **生活**
□ [せいかつ 세-카쯔]
□ 생활

老後は楽な生活がしたい。

노후에는 안락한 생활을 하고 싶다.

403
☐
☐ **生産**
☐ [せいさん 세-상]
생산

じどうしゃぶひん
自動車部品を生産する。

자동차 부품을 생산하다.

404
☐
☐ **政治**
☐ [せいじ 세-지]
정치

げんじつ
現実の政治はそんなに甘くな
あま
いです。

현실 정치는 그렇게 만만하지 않습니다.

405
☐
☐ **生徒**
☐ [せいと 세-또]
학생

まえ　　しつげん
生徒たちの前で失言する。

학생들 앞에서 실언하다.

406
☐
☐ **西洋**
☐ [せいよう 세-요-]
서양

ぶんぶつ　と　い
西洋の文物を取り入れる。

서양의 문물을 받아들이다.

407
☐
☐ **セーター**
☐ [세-타-]
스웨터

うえ
セーターの上にカーディガンを
かさ
重ねる。

스웨터 위에 카디건을 껴입다.

408
☐
☐ **世界**
☐ [せかい 세까이]
세계

かっこく　ある　まわ
世界各国を歩き回る。

세계 각국을 돌아다니다.

---

409 **席** [せき 세끼] 자리; 좌석	<ruby>席<rt>せき</rt></ruby>をとる。 자리를 맡다.
410 **石けん** [せっけん 섹껭] 비누	この**石けん**はよく<ruby>泡立<rt>あわだ</rt></ruby>つ。 이 비누는 거품이 잘 인다.
411 **セット** [셋토] 세트, 한 벌	スマホをセルフィー<ruby>棒<rt>ぼう</rt></ruby>に**セット**する。 스마트폰을 셀카봉에 장착하다.
412 **説得** [せっとく 셋토꾸] 설득	<ruby>彼<rt>かれ</rt></ruby>を**説得**するのは<ruby>大変<rt>たいへん</rt></ruby>だ。 그를 설득하는 일은 힘이 든다.
413 **説明** [せつめい 세쯔메-] 설명	<ruby>言葉<rt>こと ば</rt></ruby>では**説明**できません。 말로는 설명할 수 없습니다.
414 **背中** [せなか 세나까] 등	**背中**をかいてよ。かゆいんだ。 등을 긁어 줘요. 가려워요.

名사

415
□ **背広**
□ [せびろ 세비로]
□ 신사복

いつも同じ背広を着て来る。

항상 같은 신사복을 입고 오다.

416
□ **ゼロ**
□ [제로]
□ 제로; 영

三対ゼロで勝つ[負ける]。

3대 0으로 이기다[지다].

417
□ **世話**
□ [せわ 세와]
□ 도와 줌; 보살핌, 폐; 신세

いろいろとお世話になりました。

여러 가지로 신세졌습니다.

418
□ **先月**
□ [せんげつ 셍게쯔]
□ 지난달

先月以来雨が降らない。

지난달부터 비가 오지 않는다.

419
□ **全国**
□ [ぜんこく 젱코꾸]
□ 전국

全国に先走って売り出す。

전국에서 가장 먼저 출하하다.

420
□ **選手**
□ [せんしゅ 센슈]
□ 선수

その選手は足が早い。

그 선수는 발이 빠르다.

421
□
□ **先週**
□ [せんしゅう 센슈-]
지난주

せん せんしゅう にちようび
先先週の日曜日

지지난주 일요일

422
□ **先生**
□ [せんせい 센세-]
□ 선생(님)

し どう う
先生の指導を受ける。

선생의 지도를 받다.

423
□ **戦争**
□ [せんそう 센소-]
□ 전쟁

かんぜん お
戦争は完全に終わった。

전쟁은 완전히 끝났다.

424
□ **全体**
□ [ぜんたい 젠따이]
□ 전체

い けん き
全体の意見を聞く。

전체의 의견을 듣다.

425
□ **洗濯**
□ [せんたく 센타구]
□ 세탁; 빨래

もの ひろ ほ
洗濯物を広げて干す。

빨래를 널어 말리다.

426
□ **先輩**
□ [せんぱい 셈빠이]
□ 선배

ご はな
先輩にタメ語で話す。

선배에게 반말로 말하다.

427
全部
[ぜんぶ 젬부]
전부; 모두

かんじょう
勘定は**全部**でいくらですか。

계산은 모두 얼마예요?

428
専門
[せんもん 셈몽]
전문

かれ
彼は**専門家**だから詳しくわかる
だろう。

그는 전문가니까 자세히 알겠지.

429
掃除
[そうじ 소-지]
청소

あと
掃除は後でするよ。

청소는 나중에 할게.

430
相談
[そうだん 소-당]
상담; 의논

ちゃ の
お茶でも飲みながら**相談**しまし
ょう。

차라도 마시면서 의논합시다.

431
卒業
[そつぎょう 소쯔교-]
졸업

ご**卒業**おめでとうございます。

졸업을 축하합니다.

432
外
[そと 소또]
밖

いっしょ あそ
外で一緒に遊ぼう。

밖에서 같이 놀자.

433
□
□　蕎麦
□　[そば 소바]

メ밀국수

お昼は蕎麦で済ました。

점심은 메밀국수로 때웠다.

434
□
□　側
□　[そば 소바]

곁; 옆

母の側で子供が遊ぶ。

어머니 곁에서 아기가 놀다.

435
□
□　祖父
□　[そふ 소후]

조부; 할아버지

彼の祖父は教授だった。

그의 할아버지는 교수였다.

436
□
□　ソフト
□　[소후토]

소프트; 부드러움

インターネットからソフトをダウ
ンロドする。

인터넷으로 소프트웨어를 다운로드하다.

437
□
□　祖母
□　[そぼ 소보]

조모; 할머니

祖母はまだ存生しております。

할머니는 아직 살아 계십니다.

438
□
□　空
□　[そら 소라]

하늘

空には星が輝いている。

하늘에는 별이 반짝이고 있다.

439
退院
[たいいん 타이잉]
퇴원

せんげつ
先月**退院**したばかりです。

지난달에 막 퇴원했습니다.

440
大学
[だいがく 다이가꾸]
대학

わたしは**大学**4年生です。
ねんせい

저는 대학 4년생입니다.

441
大使館
[たいしかん 타이시깡]
대사관

れんらく
大使館に連絡してください。

대사관에 연락해 주십시오.

442
台所
[だいどころ 다이도꼬로]
부엌

さらあら
台所で皿洗いをする。

부엌에서 설거지하다.

443
タイプ
[타이푸]
타입; 종류, 타이프

おんがく　ず
どんな**タイプ**の音楽が好きで
すか。

어떤 종류의 음악을 좋아하나요?

444
台風
[たいふう 타이후]
태풍

や ね　と
台風で屋根が飛ばされる。

태풍으로 지붕이 날아가다.

445
他界
[たかい 타까이]
타계; 죽음

祖父は昨年他界した。
そ ふ　さくねん

할아버지는 작년에 돌아가셨다.

446
タクシー
[타쿠시-]
택시

タクシー乗り場はどこですか。
の　ば

택시 타는 곳은 어디입니까?

447
竹
[たけ 타께]
대나무; 대

竹は雪折れしやすい。
ゆき お

대나무는 눈에 부러지기 쉽다.

448
畳
[たたみ 타따미]
다다미; 짚을 넣은 돗자리

畳にべたりと座る。
すわ

다다미에 털썩 주저앉다.

449
縦
[たて 타떼]
세로

縦から見ても横から見ても
み　よこ　み

세로로 보나 가로로 보나

450
建物
[たてもの 타떼모노]
건물

向こうのあの建物は何ですか。
む　なん

맞은편의 저 건물은 무엇입니까?

451
棚
[たな 타나]
선반

棚から箱を下ろす。

선반에서 상자를 내리다.

452
楽しみ
[たのしみ 타노시미]
즐거움, 낙, 취미

読書の外は楽しみがない。

독서 이외는 낙이 없다.

453
食べ物
[たべもの 타베모노]
음식물; 먹을 것

暑さで食べ物が駄目になる。

더위로 음식물이 못 먹게 되다.

454
卵
[たまご 타마고]
알, 달걀

卵はどのように調理しますか。

달걀은 어떻게 요리해 드릴까요?

455
ため
[為 타메]
이익·행복 등 유리한 것; 위함

君のためをおもって言うのだ。

너를 생각해서 말하는 거다.

456
誕生日
[たんじょうび 탄죠-비]
생일

誕生日にパーティーを開く。

생일에 파티를 열다.

457
□
□ **ダンス**
□ [단스]
댄스; 춤

ダンスはまあまあ上手^{じょうず}なほう
です。

춤은 그럭저럭 추는 편입니다.

458
□
□ **男性**
□ [だんせい 단세-]
남성

隣^{となり}の席^{せき}の**男性**は眠^{ねむ}っていた。

옆 의자에 앉은 남자는 잠들어 있었다.

459
□
□ **血**
□ [ち 치]
피

青春^{せいしゅん}の**血**が燃^もえる。

청춘의 피가 끓다.

460
□
□ **近く**
□ [ちかく 치카꾸]
가까운 곳; 근처

この**近く**に銀行^{ぎんこう}はありますか。

이 근처에 은행이 있나요?

461
□
□ **地下鉄**
□ [ちかてつ 치카테쯔]
지하철

最寄^{もよ}りの**地下鉄**の駅^{えき}はどこで
すか。

가장 가까운 지하철 역은 어디입니까?

462
□
□ **力**
□ [ちから 치까라]
힘

君^{きみ}の**力**を借^かりたい。

네 힘을 빌리고 싶다.

463
地図
[ちず 치즈]
지도

地図に頼って旅行する。
지도에 의지하여 여행하다.

464
父
[ちち 치찌]
아버지

父の仕事を助ける。
아버지 일을 돕다.

465
父親
[ちちおや 치찌오야]
부친; 아버지

父親から小遣いをもらう。
아버지한테 용돈을 받다.

466
茶色
[ちゃいろ 챠이로]
갈색

茶色に髪を染めてもらえますか。
갈색으로 염색해 주세요.

467
茶碗
[ちゃわん 챠왕]
밥공기

ご飯を**茶碗**に盛り付ける。
밥을 공기에 수북이 담다.

468
注意
[ちゅうい 츄-이]
주의; 조심

足元に**注意**しなさい。
발밑을 조심해요.

469
中学校
[ちゅうがっこう 츄-각꼬-]
중학교

中学校の卒業アルバム

중학교 졸업앨범

470
中止
[ちゅうし 츄-시]
중지

雨の場合には中止する。

비가 올 경우에는 중지한다.

471
駐車
[ちゅうしゃ 츄-샤]
주차

ここは駐車禁止の区域です。

이곳은 주차금지 구역입니다.

472
駐車場
[ちゅうしゃじょう 츄-샤죠-]
주차장

この駐車場は満車です。

이 주차장이 꽉 찼어요.

473
地理
[ちり 치리]
지리

この辺の地理に明るい。

이 근처 지리에 밝다.

474
一日
[ついたち 쓰이타찌]
1일

四月一日に開講する。

4월 1일에 개강한다.

475
月
[つき 쓰끼]
달, 한 달; 월

月払いで新しい車を買う。

월부로 새 차를 사다.

476
次
[つぎ 쓰기]
다음; 버금

次のバス停で降ります。

다음 버스정류장에서 내립니다.

477
机
[つくえ 쓰꾸에]
책상

机に向かって居眠りする。

책상 앞에 앉아 졸다.

478
都合
[つごう 쓰고-]
형편, 사정

都合があって行けない。

사정이 있어서 갈 수 없다.

479
妻
[つま 쓰마]
처; 아내

妻と二人だけで暮らしている。

아내와 단 둘이서 살고 있다.

480
爪
[つめ 쓰메]
손톱; 발톱

爪を短く切り詰める。

손톱을 바특이 깎다.

481
☐
☐ **積もり**
☐ [つもり 쓰모리]
쌓임, 어림; 견적

<ruby>費<rt>ひ</rt></ruby><ruby>用<rt>よう</rt></ruby>の<ruby>見<rt>み</rt></ruby><ruby>積<rt></rt></ruby>りをする。

비용을 어림잡다.

482
☐
☐ **梅雨**
☐ [つゆ 쓰유]
장마

<ruby>毎<rt>まい</rt></ruby><ruby>年<rt>ねん</rt></ruby><ruby>今<rt>いま</rt></ruby>ごろ**梅雨**に<ruby>入<rt>はい</rt></ruby>る。

매년 이 무렵에 장마가 시작된다.

483
☐
☐ **手**
☐ [て 테]
손

にゅっと**手**を<ruby>出<rt>だ</rt></ruby>す。

풀쑥 손을 내밀다.

484
☐
☐ **テープ**
☐ [테-푸]
테이프

ゴールの**テープ**を<ruby>切<rt>き</rt></ruby>る。

결승점의 테이프를 끊다.

485
☐
☐ **テーブル**
☐ [테-부루]
테이블

<ruby>5<rt></rt></ruby><ruby>人<rt>にん</rt></ruby><ruby>用<rt>よう</rt></ruby>の**テーブル**が<ruby>必<rt>ひつ</rt></ruby><ruby>要<rt>よう</rt></ruby>です。

5인용 테이블이 필요합니다.

486
☐
☐ **手紙**
☐ [てがみ 테가미]
편지

手紙をポストに<ruby>入<rt>い</rt></ruby>れる。

편지를 우체통에 넣다.

487
□
□
□
テキスト
[테키스토]
텍스트, 교과서

えいご
英語のテキスト

영어 교과서

488
□
□
□
出口
[でぐち 데구찌]
출구

いりぐち
出口(入口)はどこですか。

출구(입구)는 어디입니까?

489
□
□
□
テスト
[테스토]
테스트; 시험

らいしゅう　　おこな　よてい
来週テストを行う予定です。

다음주에 시험을 실시할 예정입니다.

490
□
□
□
テニス
[테니스]
테니스

じょうず
あなたはテニスが上手ですか。

당신은 테니스 잘 치세요?

491
□
□
□
デパート
[데파-토]
백화점

か　もの
デパートで買い物をする。

백화점에서 쇼핑을 하다.

492
□
□
□
手袋
[てぶくろ 테부꾸로]
장갑

け いと　　　　　あ
毛糸で手袋を編む。

털실로 장갑을 짜다.

493
手元
[てもと 테모또]
손이 미치는 범위; 자기 주위

手元において教える。
곁에 두고 가르치다.

494
寺
[てら 테라]
절

お寺の境内に立ち入る。
절 경내에 들어서다.

495
テレビ
[테레비]
텔레비전

テレビのチャンネルを切り替える。
텔레비전의 채널을 돌리다.

496
点
[てん 텡]
점, 작은 표시

点も字数に含める。
점도 글자수에 포함시키다.

497
店員
[てんいん 텡잉]
점원

店員が礼儀正しく応対する。
점원이 예의 바르게 응대하다.

498
電気
[でんき 뎅끼]
전기

電気の扱いには気をつけてください。
전기다루는 데 조심하세요.

499
天気
[てんき 텡끼]
날씨, 일기

今日はいい**天気**ですね。

오늘은 날씨가 좋군요.

500
天気予報
[てんきよほう 텡끼요호-]
일기예보

週末の**天気予報**はどうですか。

주말 일기예보가 어떻습니까?

501
電車
[でんしゃ 덴샤]
전차

満員**電車**で足を踏まれた。

만원 전차에서 발을 밟혔다.

502
電灯
[でんとう 덴또-]
전등

電灯をつけっ放しでおく。

전등을 켠 채로 내버려 두다.

503
展覧会
[てんらんかい 텐랑까이]
전람회

展覧会の案内を出す。

전람회 초대장을 보내다.

504
電話
[でんわ 뎅와]
전화

電話でも受け付けます。

전화로도 접수합니다.

505
□
□
□
戸
[と 토]
문짝; 문

戸を開ける[閉める]。

문을 열다[닫다].

506
□
□
□
ドア
[도아]
도어; 문

ドアを内側からロックする。

문을 안쪽에서 잠그다.

507
□
□
□
トイレ
[토이레]
화장실

すみません、**トイレ**はどこですか。

저기요. 화장실은 어디입니까?

508
□
□
□
道具
[どうぐ 도-구]
도구

この**道具**はとても使いやすい。

이 도구는 쓰기가 아주 편하다.

509
□
□
□
動物
[どうぶつ 도-부쯔]
동물

この**動物**の名は何でしょうか。

이 동물의 이름은 무엇일까요?

510
□
□
□
動物園
[どうぶつえん 도-부쯔엥]
동물원

子供たちは**動物園**に行くのが
好きです。

아이들은 동물원에 가길 좋아합니다.

511
☐
☐ **遠く**
☐ [とおく 토-꾸]
먼 곳

バスは**遠く**でぼんやりと見えた。

버스는 멀리서 어렴풋이 보였다.

512
☐
☐ **通り**
☐ [とおり 토-리]
길

通りがけに寄りました。

지나는 길에 들렀습니다.

513
☐
☐ **時**
☐ [とき 토끼]
때

ぐずぐずする**時**[場合]じゃない。

꾸물거릴 때가 아니다.

514
☐
☐ **時計**
☐ [とけい 토께-]
시계

時計の針が正午を指した。

시계 바늘이 정오를 가리켰다.

515
☐
☐ **床屋**
☐ [とこや 토꼬야]
이발소; 이발사

専属の**床屋**

전속 이발사

516
☐
☐ **所**
☐ [ところ 토꼬로]
곳, 장소

思ったよりはいい**所**だ。

생각했던 것보다는 좋은 곳이다.

517
□
□ 年
□ [とし 토시]
해, 나이

年を取ると記憶が鈍る。

나이가 들면 기억이 흐려진다.

518
□
□ 図書館
□ [としょかん 토쇼깡]
도서관

図書館の入り口で出会う。

도서관 입구에서 마주치다.

519
□
□ 途中
□ [とちゅう 토쮸-]
도중; 중도

食事の途中で席を立つ。

식사 도중에 자리를 뜨다.

520
□
□ 特急
□ [とっきゅう 톡뀨-]
특급

特急の待ち合わせをする。

특급 열차를 기다리다.

521
□
□ 隣
□ [となり 토나리]
이웃; 옆, 이웃집

隣の家と親しく行き来する。

이웃과 친하게 왕래하다.

522
□
□ 友達
□ [ともだち 토모다찌]
친구; 벗

友達とタクシーに相乗りする。

친구와 택시에 합승하다.

523
土曜日
[どようび 도요-비]
토요일

わたしは毎週土曜日に映画を
観に行きます。

나는 토요일마다 영화를 보러 갑니다.

524
トラック
[토락쿠]
트럭

荷物は**トラック**で後送する。

화물은 트럭으로 후송한다.

525
ドラマ
[도라마]
드라마

連続**ドラマ**を見忘れた。

연속극 보는 것을 잊고 못 보았다.

526
鳥
[とり 토리]
새

鳥が巣から飛び立つ。

새가 둥지에서 날아가다.

527
鶏肉
[とりにく 토리니구]
닭고기

鶏肉の照り焼きもおいしいです
ね。

닭고기 테리야끼도 맛있네요.

528
ドレス
[도레스]
드레스

その**ドレス**はあなたに似合って
ますね。

그 드레스는 잘 어울리는군요.

103

529
泥棒
[どろぼう 도로보-]
도둑

留守に泥棒が入った。

부재중에 도둑이 들었다.

530
ナイフ
[나이후]
나이프; 서양식 작은 칼

果物ナイフでリンゴの皮をむく。

과일칼로 사과를 깎다.

531
内部
[ないぶ 나이부]
내부

内部の事情を知っている。

내부 사정을 알고 있다.

532
中
[なか 나까]
가운데, 안; 속

部屋の中に入る。

방 안으로 들어가다.

533
夏
[なつ 나쯔]
여름

夏は暑いものと決まっている。

여름은 덥기 마련이다.

534
夏休み
[なつやすみ 나쯔야스미]
여름방학; 여름휴가

夏休みの間に旅行する。

여름방학 동안에 여행하다.

535 □ □ **名前** □ [なまえ 나마에] 이름	その**名前**は聞き覚えがない。 그 이름은 들은 기억이 없다.
536 □ □ **匂い** □ [におい 니오이] 냄새; 향내	その部屋はレモンの**におい**がしました。 그 방에서는 레몬 냄새가 났습니다.
537 □ □ **肉** □ [にく 니꾸] 살, 고기	柔らくておいしい**肉** 부드럽고 맛있는 고기
538 □ □ **西** □ [にし 니시] 서쪽	**西**アフリカの広大な森林が消失している。 서아프리카의 광대한 삼림이 소실되고 있다.
539 □ □ **日曜日** □ [にちようび 니찌요-비] 일요일	**日曜日**は一人でゆっくり休む。 일요일은 혼자서 느긋하게 쉰다.
540 □ □ **日記** □ [にっき 닉끼] 일기	今日から**日記**を付け出した。 오늘부터 일기를 쓰기 시작했다.

541
荷物
[にもつ 니모쯔]
화물; 짐

重い荷物を持ち歩く。

무거운 짐을 들고 다니다.

542
入院
[にゅういん 뉴-잉]
입원

何でも入院したということです。

확실히는 모르지만 입원했다고 합니다.

543
入学
[にゅうがく 뉴-가꾸]
입학

大学にやっとのことで入学した。

대학에 턱걸이로 겨우 입학했다.

544
入社
[にゅうじゃ 뉴-샤]
입사

入社試験を受ける。

입사시험을 치르다.

545
ニュース
[뉴-스]
뉴스

わたしはニュースを見るのが好きです。

저는 뉴스 보는 것을 좋아합니다.

546
庭
[にわ 니와]
정원; 뜰

ホースで庭に水をまく。

호스로 뜰에 물을 뿌리다.

547
人形
[にんぎょう 닝교-]
인형; 꼭두각시

人形をしっかり抱え込んでいる。

인형을 꼭 끌어안고 있다.

548
ネクタイ
[네쿠타이]
넥타이

その服にこのネクタイはしっくりします。

그 옷에 이 넥타이는 잘 어울립니다.

549
猫
[ねこ 네꼬]
고양이

猫は背を円くして眠っている。

고양이는 등을 구부리고 잠자고 있다.

550
値段
[ねだん 네당]
값; 가격

値段は少し高いが物はいい。

값은 좀 비싸지만 물건은 좋다.

551
熱
[ねつ 네쯔]
열

熱が下って楽になる。

열이 내려 편해지다.

552
年代
[ねんだい 넨다이]
연대

60年代に建てられた学校

1960년대에 지어진 학교

553 ☐ ☐ ☐	**ノート** [노-토] 노트	彼はそのデータを**ノート**に書き 写した。 그는 그 자료를 공책에 베껴 적었다.
554 ☐ ☐ ☐	**喉** [のど 노도] 목구멍	食べた物が**喉**につかえる。 먹은 것이 목에 걸리다.
555 ☐ ☐ ☐	**飲み物** [のみもの 노미모노] 마실 것; 음료	**飲み物**でも差し上げましょうか。 마실 것이라도 드릴까요?
556 ☐ ☐ ☐	**乗り換え** [のりかえ 노리까에] 갈아탐; 환승	**乗り換え**切符をいただけますか。 환승표를 주시겠습니까?
557 ☐ ☐ ☐	**乗り物** [のりもの 노리모노] 탈 것; 교통기관	バス以外の**乗り物**はない。 버스 이외의 탈 것은 없다.
558 ☐ ☐ ☐	**葉** [は 하] 잎, 잎사귀	**葉**の出る前に花の咲く木 잎이 돋기 전에 꽃이 피는 나무

559
歯
[は 하]

이

ご飯を食べてから歯を磨く。

밥을 먹고 나서 이를 닦다.

560
場合
[ばあい 바아이]

경우; 사정, 때

ぐずぐずしている場合じゃない。

우물쭈물하고 있을 때가 아니다.

561
パターン
[파타-ㄴ]

패턴; 유형

行動のパターンを研究する。

행동 패턴을 연구하다.

562
パーティー
[파-티-]

파티

さよならパーティーを開く。

송별 파티를 열다.

563
灰皿
[はいざら 하이자라]

재떨이

灰皿をもらっていいですか。

재떨이 좀 주시겠어요?

564
歯医者
[はいしゃ 하이샤]

치과의사

歯医者に見てもらう。

치과의사에게 진찰을 받다.

565
葉書
[はがき 하가끼]
엽서

葉書をポストに投函する。

엽서를 우체통에 넣다.

566
バケツ
[바케쓰]
버킷; 양동이

バケツには水が満ちている。

양동이에는 물이 가득 차 있다.

567
箱
[はこ 하꼬]
상자; 궤짝

この箱は底が浅い。

이 상자는 바닥이 얕다.

568
橋
[はし 하시]
다리

川に橋を掛ける。

강에 다리를 놓다.

569
嘴
[はし 하시]
부리; 주둥이

イスカの嘴

잣새의 부리

570
箸
[はし 하시]
젓가락

箸の持ち方が悪い。

젓가락 쥐는 방식이 틀렸다.

571
☐
☐ **始まり**
☐ [はじまり 하지마리]
시작; 시초

始まりがよければ半分なったも
同様。
<small>はんぶん どうよう</small>

시작이 반이다.

572
☐ **場所**
☐ [ばしょ 바쇼]
☐ 장소, 곳

待ち合わせの**場所**を決める。
<small>ま あ き</small>

만날 장소를 정하다.

573
☐ **バス**
☐ [바스]
☐ 버스

9時の**バス**が来る時間だ。
<small>じ く じかん</small>

9시 버스가 올 시간이다.

574
☐ **バター**
☐ [바타-]
☐ 버터

パンに**バター**をたっぷりつける。

빵에다 버터를 듬뿍 바르다.

575
☐ **二十歳**
☐ [はたち 하타찌]
☐ 20세; 스무 살

彼女は今年**二十歳**になります。
<small>かのじょ ことし</small>

그녀는 올해 스무 살이 됩니다.

576
☐ **発音**
☐ [はつおん 하쯔옹]
☐ 발음

英語を正確に**発音**する。
<small>えい ご せいかく</small>

영어를 정확히 발음하다.

111

577
☐
☐
☐
二十日
[はつか 하쯔까]

20일

二十日^す過ぎれば冬休^{ふゆやす}みです。

스무날 지나면 겨울 방학입니다.

578
☐
☐
☐
鼻
[はな 하나]

코

象^{ぞう}は鼻^{はな}が長^{なが}い。

코끼리는 코가 길다.

579
☐
☐
☐
花
[はな 하나]

꽃

花^{はな}が咲^さき出^だす。

꽃이 피어나다.

580
☐
☐
☐
話
[はなし 하나시]

이야기; 말

その**話**はもうやめて!

그 이야기는 이제 그만둬요!

581
☐
☐
☐
花見
[はなみ 하나미]

꽃구경

花見^{はなみ}の人^{ひと}で賑^{にぎ}わう。

꽃구경하는 사람들로 북적이다.

582
☐
☐
☐
羽
[はね 하네]

날개, 새털; 깃

鳥^{とり}が羽^{はね}をばたつかせる。

새가 날개를 파닥거리다.

583
母
[はは 하하]
모친; 어머니

母と目付きが似ている。

어머니와 눈매가 닮았다.

584
林
[はやし 하야시]
숲

林を抜けて野原に出る。

숲을 빠져나가 들판으로 나오다.

585
春
[はる 하루]
봄

春という題目で作文をする。

'봄'이라는 제목으로 글짓기를 하다.

586
晴れ
[はれ 하레]
하늘이 갬; 날씨가 좋음

晴れ、一時曇り

맑은 후, 한때 흐림

587
パン
[팡]
빵

食事はパンで済ました。

빵으로 끼니를 때웠다.

588
ハンカチ
[항카치]
손수건

ハンカチで涙をぬぐう。

손수건으로 눈물을 닦다.

589
番組
[ばんぐみ 방구미]
프로그램

次に、この番組を見よう。

다음에 이 프로를 보자.

590
番号
[ばんごう 방고-]
번호

暗証番号を入れてください。

비밀번호를 입력하세요.

591
晩御飯
[ばんごはん 방고항]
저녁식사

晩御飯を食べる。

저녁밥을 먹다.

592
反対
[はんたい 한따이]
반대

その計画には反対です。

그 계획에는 반대입니다,

593
半分
[はんぶん 함붕]
절반; 반

全体の半分以上が賛成だ。

전체의 절반 이상이 찬성이다.

594
日
[ひ 히]
해; 햇빛; 볕

日が西に沈む。

해가 서쪽으로 지다.

595
ピアノ
[피아노]
피아노

楽譜を見ながらピアノを弾く。

악보를 보면서 피아노를 치다.

596
ビール
[비-루]
맥주

ビール一杯いかがですか。

맥주 한 잔 하실래요?

597
東
[ひがし 히가시]
동쪽

太陽は東から昇る。

태양은 동쪽에서 뜬다.

598
光
[ひかり 히까리]
빛

月が光を投げている。

달이 빛을 비추고 있다.

599
引き出し
[ひきだし 히끼다시]
서랍, 찾아냄; 인출

引き出しの中に入れる。

서랍 속에 넣다.

600
ピクニック
[피쿠닉쿠]
피크닉

今日はピクニックには上天気です。

오늘은 소풍 가기에는 아주 좋은 날씨입니다.

---

601 **ひげ**
☐
☐ [髭 히게]
☐
수염; 윗수염

不精して、**ひげ**をそらない。

귀찮아서 수염을 깎지 않는다.

---

602 **飛行機**
☐
☐ [ひこうき 히꼬-끼]
☐
비행기

飛行機はいつ到着しますか。

비행기가 언제 도착하죠?

---

603 **飛行場**
☐
☐ [ひこうじょう 히꼬-죠-]
☐
비행장

旅客機が**飛行場**に着陸する。

여객기가 비행장에 착륙하다.

---

604 **ひさしぶり**
☐
☐ [久しぶり 히사시부리]
☐
오래간만

こんなに素敵な食事は**ひさしぶり**です。

이런 멋진 식사는 오랜간만입니다.

---

605 **美術館**
☐
☐ [びじゅつかん 비쥬쓰깡]
☐
미술관

わたしは彼女と**美術館**のロビーで会った。

나는 미술관 로비에서 그녀를 만났다.

---

606 **左**
☐
☐ [ひだり 히다리]
☐
왼편; 왼쪽

二つ目の角を**左**に折れてください。

두번 째 모퉁이에서 왼쪽으로 꺾으세요.

607
びっくり
[빅꾸리]
깜짝 놀람

そのことは全部^{ぜんぶ}がびっくりだった。

그 일은 모두가 충격이었다.

608
人
[ひと 히또]
사람

あの人は誰^{だれ}なの?

저 사람은 누구지?

609
一月
[ひとつき 히또쓰끼]
한 달; 1개월

今年^{ことし}もあと一月^おで終わる。

금년도 앞으로 한 달이면 끝난다.

610
一人
[ひとり 히또리]
한 사람

人^{ひと}が一人立^たっている。

사람이 한 사람 서 있다.

611
暇
[ひま 히마]
틈; 짬

仕事^{しごと}がたまって休^{やす}む暇がない。

일이 밀려 쉴 틈이 없다.

612
病院
[びょういん 뵤-잉]
병원

病院^{にゅういん}に入院する。

병원에 입원하다.

613
□
□
□
病気
[びょうき 뵤-끼]
병, 질병

まだ**病気**がすっきりしない。

아직 병이 깨끗이 낫지 않았다.

614
□
□
□
昼
[ひる 히루]
낮

夏至は**昼**がもっとも長い。

하지는 낮이 가장 갈다.

615
□
□
□
昼御飯
[ひるごはん 히루고항]
점심

昼御飯はそばで済ました。

점심은 메밀국수로 때웠다.

616
□
□
□
昼間
[ひるま 히루마]
주간; 낮

昼間から酒を飲む。

대낮부터 술을 마시다.

617
□
□
□
昼休み
[ひるやすみ 히루야스미]
점심 후의 휴식

昼休みに会えますか。

점심 때 만날 수 있을까요?

618
□
□
□
広さ
[ひろさ 히로사]
넓이

やっと三人入れる**広さ**です。

간신히 세 사람 들어갈 수 있는 넓이입니다.

---

619 ピンク
[핑쿠]
핑크, 분홍빛

一方はピンク、他方は黄色に塗りなさい。

한쪽은 핑크, 다른쪽은 노란색으로 칠하세요.

620 封筒
[ふうとう 후-또-]
봉투

封筒に切手を貼る。

봉투에 우표를 붙이다.

621 プール
[푸-루]
풀, 수영장

プールの水を入れ替える。

풀의 물을 갈아넣다.

622 フォーク
[훠-쿠]
포크

フォークでバナナをつぶしなさい。

포크로 바나나를 으깨라.

623 服
[ふく 후꾸]
옷; 양복

この服が似合う。

이 옷이 잘 어울린다.

624 復習
[ふくしゅう 후꾸슈-]
복습

毎日欠かさず復習する。

매일 빼먹지 않고 복습하다.

119

625
□
□
□
豚肉
[ぶたにく 부따니꾸]

돼지고기

豚肉を加工してハムを作る。

돼지고기를 가공해서 햄을 만든다.

626
□
□
□
二人
[ふたり 후따리]

두 사람

二人前の食事を注文する。

두 사람 분의 식사를 주문하다.

627
□
□
□
二日
[ふつか 후쓰까]

이틀, 2일

二日も眠り続ける。

이틀 동안이나 계속 잠자다.

628
□
□
□
葡萄
[ぶどう 부도-]

포도

干葡萄入りのロールパンを買う。

건포도 롤빵을 사다.

629
□
□
□
布団
[ふとん 후똥]

이부자리; 이불

布団を日干しにする。

이불을 햇볕에 말리다.

630
□
□
□
船
[ふね 후네]

배

船が港に立ち寄る。

배가 항구에 들르다.

631
冬
[ふゆ 후유]
겨울

これで冬の寒さが防げようか。

이것으로 겨울 추위를 막을 수 있을까?

632
プリント
[푸린토]
프린트

シルクプリントのワンピース

실크 프린트의 원피스

633
プレゼント
[푸레젠토]
선물

これは友達へのプレゼントです。

그건 친구에게 줄 선물입니다.

634
文化
[ぶんか 붕까]
문화

文化センターの誕生を祝う。

문화 센터의 탄생을 축하하다.

635
文学
[ぶんがく 붕가꾸]
문학

外国の文学を紹介する。

외국 문학을 소개하다.

636
文書
[ぶんしょ 분쇼]
문서; 서류

回答は文書でお願いします。

회답은 문서로 부탁합니다.

PART 01

637 ☐ **文章** ☐ [ぶんしょう 분쇼-] ☐ 문장	**文章の意味を読み取れない。** 문장의 뜻을 이해할 수 없다.
638 ☐ **文法** ☐ [ぶんぽう 붐뽀-] ☐ 문법	**この表現は文法にかなわない。** 이 표현은 문법에 맞지 않는다.
639 ☐ **ページ** ☐ [페-지] ☐ 페이지; 쪽	**本のページが折れている。** 책장이 접혀 있다.
640 ☐ **ベッド** ☐ [벳도] ☐ 베드; 침대	**子供をベッドに寝かせる。** 어린애를 침대에 눕히다.
641 ☐ **部屋** ☐ [へや 헤야] ☐ 방	**部屋を変えたいです。** 방을 바꾸고 싶습니다.
642 ☐ **ベル** ☐ [베루] ☐ 벨	**電話のベルがりんりんと鳴る。** 전화벨이 따르릉 울리다.

122

643
ペン
[펭]
펜

ペンか何^{なに}か書^かくもの貸^かして。

펜이나 뭐 쓸 것 좀 빌려줘요.

644
辺
[へん 헹]
근처; 부근

その辺^{へん}の事情^{じじょう}はわからない。

그 부근의 사정은 모른다.

645
勉強
[べんきょう 벵꾜-]
공부

一^{いち}にも勉強^{べんきょう}、二^ににも勉強^{べんきょう}だ。

첫째도 공부, 둘째도 공부다.

646
返事
[へんじ 헨지]
대답; 답장

大^{おお}きな声^{こえ}で返事^{へんじ}をする。

큰 소리로 대답을 하다.

647
弁当
[べんとう 벤또-]
도시락

お弁当^{べんとう}は私^{わたくし}が作^{つく}って参^{まい}ります。

도시락은 제가 만들어 오겠습니다.

648
方
[ほう 호-]
방향; 쪽

銀行^{ぎんこう}は向^むこうの方^{ほう}にあります。

은행은 저쪽에 있습니다.

649
☐
☐
☐
貿易
[ぼうえき 보-에끼]

무역

あちらに見えるのが**貿易**センターです。

저쪽에 보이는 것이 무역센터입니다.

650
☐
☐
☐
帽子
[ぼうし 보-시]

모자

帽子を目深にかぶる。

모자를 푹 내려쓰다.

651
☐
☐
☐
放送
[ほうそう 호-소-]

방송

現地からテレビで**放送**する。

현지에서 텔레비전으로 방송하다.

652
☐
☐
☐
法律
[ほうりつ 호-리쯔]

법률

それは**法律**にはっきりと規定されている。

그건 법률에 명확히 규정되어 있다.

653
☐
☐
☐
ボート
[보-토]

보트

ボートが海面に浮かんでいる。

보트가 해면에 떠 있다.

654
☐
☐
☐
ボール
[보-루]

볼; 공

ボールがころころ転がる。

공이 대굴대굴 굴러가다.

655
ボールペン
[보-루펭]
볼펜

ボールペンを借りる。

볼펜을 빌리다.

656
外
[ほか 호까]
다른 것; 딴 것

外の話をしましょう。

딴 이야기를 합시다.

657
ポケット
[포켓토]
포켓; 호주머니

財布を内ポケットに入れる。

지갑을 안주머니에 넣다.

658
星
[ほし 호시]
별

夜空に星がまたたく。

밤하늘에 별이 반짝이다.

659
ポスト
[포스토]
우체통, 지위; 직위

手紙をポストに入れる。

편지를 우체통에 넣다.

660
ボタン
[보탕]
단추, 버튼

エレベーターのボタンを押す。

엘리베이터의 단추를 누르다.

661
ホテル
[호테루]
호텔

市内のホテルを予約したいですが。

시내의 호텔을 예약하고 싶은데요.

662
骨
[ほね 호네]
뼈, 뼈대

父の言葉が骨にしみる。

아버지의 말씀이 뼈에 사무치다.

663
本
[ほん 홍]
책

彼は本を読んでいた。

그는 책을 읽고 있었다.

664
本棚
[ほんだな 혼다나]
책장; 서가

読み終わった本を本棚に返す。

다 읽은 책을 책장에 갖다 놓다.

665
毎朝
[まいあさ 마이아사]
매일 아침

毎朝起きがけにテレビを見る。

매일 아침 일어나는 길로 텔레비전을 본다.

666
毎月
[まいげつ 마이게쯔]
매월

毎月一回は集まろう。

다달이 한 번씩은 모이자.

667
毎週
[まいしゅう 마이슈-]
매주

私たちは毎週、外食します。

우리는 매주 외식을 합니다.

668
毎月
[まいつき 마이쓰끼]
매달

毎月少しずつ貯える。

매달 조금씩 저축하다.

669
毎年
[まいとし 마이토시]
매해

毎年のようにやってきた人たち

매년 이곳에 왔던 사람들

670
毎日
[まいにち 마이니찌]
매일

毎日新しい事件が起きる。

날마다 새로운 사건이 일어나다.

671
毎年
[まいねん 마이넹]
매년

毎年この頃台風がやって来る。

매년 이때쯤 태풍이 불어온다.

672
毎晩
[まいばん 마이방]
매일 밤

毎晩テレビニュースに出る。

매일 밤 텔레비전 뉴스에 나오다.

673
前
[まえ 마에]
앞, 이전

せんせい
先生の前へ進み出る。
선생님 앞으로 나아가다.

674
孫
[まご 마고]
손자

むすめ
孫娘をたいへんかわいがる。
손녀를 끔찍이 사랑한다.

675
マスク
[마스쿠]
마스크

かお
顔にマスクをかけたまま寝た。
얼굴에 마스크를 한 채 잤다.

676
町
[まち 마찌]
도회

さか
ひところ栄えた町
한때 번창했던 도시

677
マッチ
[맛치]
성냥

ばこ
マッチ箱のように見える家
성냥갑처럼 보이는 집

678
窓
[まど 마도]
창; 창문

さむ
寒いから窓をしめてくれ。
추우니까 창을 닫아 주게.

679
☐
☐ **窓口**
☐ [まどぐち 마도구찌]
창구

窓口のサービスを改善する。

창구 서비스를 개선하다.

680
☐
☐ **万**
☐ [まん 망]
10,000, 만

万円札を千円札に壊す。

만 엔권을 천 엔권으로 바꾸다.

681
☐
☐ **漫画**
☐ [まんが 망가]
만화

あの男のすることはまるで**漫画**だ。

저 남자가 하는 일은 꼭 만화 같다(웃긴다는 뜻).

682
☐
☐ **真ん中**
☐ [まんなか 만나까]
한가운데

矢は的の**真ん中**に的中した。

화살은 과녁 한복판에 적중했다.

683
☐
☐ **万年筆**
☐ [まんねんひつ 만넹히쯔]
만년필

万年筆にインキを入れる。

만년필에 잉크를 넣다.

684
☐
☐ **右**
☐ [みぎ 미기]
오른쪽

もう少し**右**に寄ってください。

조금 더 오른쪽으로 다가서 주십시오.

685
水
[みず 미즈]
물

水は低い方に流れる。

물은 낮은 곳으로 흐른다.

686
店
[みせ 미세]
가게

店にお客がたくさん来る。

가게에 손이 많이 오다.

687
道
[みち 미찌]
길

道の半ばに至る。

길 중간쯤에 이르다.

688
三日
[みっか 믹까]
3일

三日分の売り上げを足す。

3일분의 매상을 더하다.

689
三つ
[みっつ 밋쯔]
셋, 세 개

三つでセットになっている。

세 개(가) 한 세트로 되어 있다.

690
緑
[みどり 미도리]
녹색; 초록

森の緑がみずみずしい。

숲의 푸르름이 싱싱하다.

691
☐
☐ 港
☐ [みなと 미나또]
항구

船舶が港に出入する。
せんぱく　みなと　しゅつにゅう

선박이 항구에 출입하다.

692
☐
☐ 南
☐ [みなみ 미나미]
남쪽

わたしたちの家は南向きだ。
いえ　みなみむ

우리 집은 남향이다.

693
☐
☐ 耳
☐ [みみ 미미]
귀

耳のつけ根まで赤くなる。
みみ　ね　あか

귀밑까지 빨개지다.

694
☐
☐ 皆
☐ [みんな 민나]
모두

皆一緒に写真を撮る。
みな いっしょ しゃしん と

모두 함께 사진을 찍다.

695
☐
☐ 六日
☐ [むいか 무이까]
6일

ちょうど六日かかって完成した。
むいか　　かんせい

꼭 엿새 걸려서 완성했다.

696
☐
☐ 昔
☐ [むかし 무까시]
옛날

子供に昔話を聞かせる。
こども　むかしばなし　き

어린이에게 옛이야기를 들려주다.

131

697
向こう
[むこう 무꼬-]
저쪽, 맞은편; 건너편

みんな**向こう**で遊びなさい。

모두 저쪽에서 놀아라.

698
虫
[むし 무시]
벌레

わたしは**本の虫**です。

저는 책벌레입니다.

699
娘
[むすめ 무스메]
딸

娘を引き連れて出掛ける。

딸을 데리고 나가다.

700
村
[むら 무라]
마을; 촌락

川越ししてとなり**村**へ行く。

강을 건너서 이웃 마을에 가다.

701
目
[め 메]
눈

はたから変な**目**で見られる。

주위에서 이상한 눈으로 보다.

702
メートル
[메-토루]
미터

たった5**メートル**しか泳げない。

겨우 5미터 밖에 헤엄치지 못한다.

703
眼鏡
[めがね 메가네]

안경

度の強い眼鏡をかけている。

도가 센 안경을 쓰고 있다.

704
物
[もの 모노]

것; 물건

階段に物を置くのは危険だ。

계단에 물건을 두는 것은 위험하다.

705
木綿
[もめん 모멩]

무명; 면직물, 솜

木綿の切れで袋を作る。

무명 헝겊으로 자루를 만들다.

706
森
[もり 모리]

숲; 삼림

森の中で道に迷う。

숲 속에서 길을 잃다.

707
門
[もん 몽]

문, 대문; 출입구

門をとざす[閉める]。

문을 닫다.

708
問題
[もんだい 몬다이]

문제

それとこれとは別問題だ。

그것과 이것과는 별개 문제다.

709
□
□ **八百屋**
□ [やおや 야오야]

채소장수; 채소가게

野菜は角の八百屋から取る。

채소는 모퉁이 채소가게에서 구한다.

710
□
□ **夜間**
□ [やかん 야깡]

야간

夜間照明を点灯する。

야간 조명을 점등하다.

711
□
□ **約束**
□ [やくそく 약소꾸]

약속

何としても約束は守る。

어떻게 해서든지 약속은 지킨다.

712
□
□ **野菜**
□ [やさい 야사이]

야채; 채소

肉を減らして野菜を食べるといいです。

육류를 줄이고 채소를 먹으면 좋습니다.

713
□
□ **休み**
□ [やすみ 야스미]

쉼; 휴식, 휴일; 휴가

休みにゆっくりと寝る。

휴일에 느긋하게 자다.

714
□
□ **山**
□ [やま 야마]

산

山から下を見下ろす。

산에서 아래를 내려다보다.

715
湯
[ゆ 유]
뜨거운 물, 목욕물; 데운 물

てつびん
鉄瓶の湯がたぎっている。

쇠주전자의 물이 끓고 있다.

716
夕方
[ゆうがた 유-가따]
저녁때; 해질녘

夕方友人がたずねて来た。

저녁때 친구가 찾아왔다.

717
夕飯
[ゆうはん 유-항]
저녁밥

いそが
忙しくて夕飯を食べそこなった。

바빠서 저녁밥을 못 먹었다.

718
郵便局
[ゆうびんきょく 유-빙쿄꾸]
우체국

いちばんちか
一番近い郵便局はどこですか。

가장 가까운 우체국은 어디 있습니까?

719
夕べ
[ゆうべ 유-베]
저녁때

夕べに風が弱くなる。

저녁에 바람이 약해지다.

720
雪
[ゆき 유끼]
눈

雪が降れば道が滑る。

눈이 오면 길이 미끄럽다.

135

721
□□□ **輸血**
[ゆけつ 유케쯔]
수혈

患者に**輸血**する。

환자에게 수혈하다.

722
□□□ **輸出**
[ゆしゅつ 유슈쯔]
수출

この車はもっぱら**輸出**用だ。

이 차는 오로지 수출용이다.

723
□□□ **輸入**
[ゆにゅう 유뉴-]
수입

これは**輸入**物のベーコンです。

이것은 수입한 베이컨입니다.

724
□□□ **指**
[ゆび 유비]
손가락

指にまったく感覚がない。

손가락에 전혀 감각이 없다.

725
□□□ **指輪**
[ゆびわ 유비와]
반지

結婚**指輪**に宝石を入れる。

결혼반지에 보석을 넣다.

726
□□□ **夢**
[ゆめ 유메]
꿈

まるで**夢**を見るようだ。

마치 꿈을 꾸는 것 같다.

727
□
□ **酔い**
□ [よい 요이]

취함; 취기

酔いをさます。

술을 깨다.

728
□
□ **用意**
□ [ようい 요-이]

용의; 준비; 대비

しょくじ
食事の**用意**ができたよ。

식사 준비 됐어요.

729
□
□ **八日**
□ [ようか 요-까]

8일

み めい しゅっぱつ
八日未明に出発する。

8일 해뜰무렵에 출발한다.

730
□
□ **用事**
□ [ようじ 요-지]

볼일, 용건, 용변

だい じ   い
大事な**用事**があって行けない。

중요한 볼일이 있어서 못 간다.

731
□
□ **洋服**
□ [ようふく 요-후꾸]

양복

み
洋服が身にぴったりでしょうか。

양복이 몸에 꼭 맞으세요?

732
□
□ **横**
□ [よこ 요꼬]

옆, 가로

つくえ   よこ   い す
机の**横**にある椅子

책상 옆에 있는 의자

137

733 予習
□
□ [よしゅう 요슈-]
□
예습

英語がすんだら次に国語を予
習する。

영어가 끝나면 다음에 국어를 예습한다.

---

734 四日
□
□ [よっか 욕까]
□
4일; 나흘

こんどの旅行は三・四日かかる
だろう。

이번 여행은 사나흘 걸릴 것이다.

---

735 予定
□
□ [よてい 요떼-]
□
예정

今年中には完成の予定です。

금년 중에는 완성될 예정입니다.

---

736 予約
□
□ [よやく 요야꾸]
□
예약

こんにちは、予約をお願いしま
す。

안녕하세요, 예약을 부탁합니다.

---

737 夜
□
□ [よる 요루]
□
밤

夜が次第に更けて行く。

밤이 점점 깊어 가다.

---

738 来月
□
□ [らいげつ 라이게쯔]
□
다음 달

私たちは来月旅行にでかける。

우리는 다음달에 여행을 간다.

739
来週
[らいしゅう 라이슈-]
다음 주

来週の日曜の午後に予約席は
ありますか。

다음주 일요일 오후의 지정석은 있습니까?

740
来年
[らいねん 라이넹]
내년

来年、外国旅行をするつもりだ。

내년에 외국 여행을 할 생각이다.

741
ラジオ
[라지오]
라디오

ラジオを聞きながら勉強する。

라디오를 들으면서 공부하다.

742
理由
[りゆう 리유-]
이유; 핑계

別にこれという理由もない。

별로 이렇다 할 이유도 없다.

743
留学生
[りゅうがくせい 류-각세-]
유학생

留学生として来日する。

유학생으로서 일본에 오다.

744
利用
[りよう 리요-]
이용

汽車を利用すると便利です。

기차를 이용하면 편리합니다.

745
両親
[りょうしん 료-싱]
부모; 어버이

私の両親はとても厳しかった。

우리 부모님은 매우 엄하셨다.

746
両方
[りょうほう 료-호-]
양방; 쌍방

両方の意見を聞く。

쌍방의 의견을 듣다.

747
料理
[りょうり 료-리]
요리

彼女は料理が上手だ。

그녀는 요리를 잘한다.

748
旅館
[りょかん 료깡]
여관

旅館が立ち連なる温泉街

여관이 즐비한 온천 거리

749
旅行
[りょこう 료꼬-]
여행

旅行はとてもおもしろかった。

여행은 대단히 재미있었다.

750
留守
[るす 루스]
외출하고 집에 없음; 부재중

留守を知らずにたずねた。

부재중인 것을 모르고 방문했다.

751
☐☐☐ **零**
[れい 레-]
영; 제로

しゅうかく れい ちか
収穫は零に近い。

수확은 영에 가깝다.

752
☐☐☐ **冷蔵庫**
[れいぞうこ 레-조-꼬]
냉장고

れいぞうこ ぎゅうにゅう だ
冷蔵庫から牛乳を出す。

냉장고에서 우유를 꺼내다.

753
☐☐☐ **冷房**
[れいぼう 레-보-]
냉방

れいぼう しつない
冷房のきいた室内

냉방이 잘 된 실내

754
☐☐☐ **歴史**
[れきし 레끼시]
역사

れきし たい かんが
歴史に対して考えてみましょう。

역사에 대해 생각해 봅시다.

755
☐☐☐ **レコード**
[레코-도]
레코드

とも き
友だちにレコードを聞かせる。

친구에게 레코드를 들려주다.

756
☐☐☐ **レストラン**
[레스토랑]
레스토랑; 양식 식당

じょうかい よ
上階には良いレストランがある。

위층에 좋은 식당이 있다.

141

757
列車
[れっしゃ 렛샤]
열차

列車の席を予約しましたか。
열차 좌석을 예약했어요?

758
レベル
[레베루]
레벨; 수준

レベルが高くて話が遠い。
수준이 높아 얘기가 잘 안 통한다.

759
レポート
[레포-토]
리포트; 보고서

徹夜してレポートを仕上げる。
철야해서 리포트를 완성하다.

760
練習
[れんしゅう 렌슈-]
연습

練習さえすれば上手になるよ。
연습만 하면 잘하게 될거야.

761
連絡
[れんらく 렌라꾸]
연락; 접속

着いたらすぐ連絡してほしい。
도착하면 곧 연락해 주기 바란다.

762
廊下
[ろうか 로-까]
복도

廊下でごみを見かけたら、拾いなさい。
복도에서 쓰레기를 보면 주워라.

763
☐
☐
☐

老人
[ろうじん 로-징]
노인

老人ホームで気楽に暮らす。

양로원에서 편안하게 지내다.

764
☐
☐
☐

ワイシャツ
[와이샤쓰]
와이셔츠

ワイシャツの袖をまくり上げる。

와이셔츠 소매를 걷어 올리다.

765
☐
☐
☐

訳
[わけ 와께]
의미; 뜻, 원인; 사정

この言葉の訳が分からない。

이 말의 뜻을 모르겠다.

766
☐
☐
☐

忘れ物
[わすれもの 와스레모노]
물건을 깜박 잃고 옴

家に忘れ物をして来た。

집에 물건을 잃고 왔다.

767
☐
☐
☐

話題
[わだい 와다이]
화제

ツイッターで話題になっている。

트위터에서 화제가 되고 있다.

768
☐
☐
☐

ワンピース
[왐피-스]
원피스

そで無しのワンピース

소매 없는 원피스

PART 02

▼
•
•
•
•

동사

769 ☐ ☐ ☐	**合う** [あう 아우] 합쳐지다; 맞다, 서로 ~하다	大_{おお}きさがぴったりと**合う**。 크기가 꼭 맞다.

769
☐
☐ **合う**
☐ [あう 아우]
합쳐지다; 맞다, 서로 ~하다

大きさがぴったりと**合う**。

크기가 꼭 맞다.

770
☐
☐ **会う**
☐ [あう 아우]
만나다

夢の中で恋人に**会う**。

꿈속에서 애인을 만나다.

771
☐
☐ **上がる**
☐ [あがる 아가루]
오르다

天井知らずに物価が**上がる**。

천정부지로 물가가 오르다.

772
☐
☐ **空く**
☐ [あく 아꾸]
비다

家 中出払って家が**空く**。

모두 나가고 집이 비다.

773
☐
☐ **開く·明く**
☐ [あく 아꾸]
열리다

戸が**開く**。/幕が**明く**。

문이 열리다. / 막이 열리다.

774
☐
☐ **開ける**
☐ [あける 아께루]
열다

ガラス戸をがらりと**開ける**。

유리문을 드르르 열다.

146

775
☐
☐ **上げる**
☐ [あげる 아게루]

올리다

目覚しい業績を上げる。

눈부신 업적을 올리다.

776
☐
☐ **遊ぶ**
☐ [あそぶ 아소부]

놀다

道路で遊ぶのは危ない。

길에서 노는 것은 위험하다.

777
☐
☐ **集まる**
☐ [あつまる 아쯔마루]

모이다

みんな集まりましたか。

모두 모였습니까?

778
☐
☐ **集める**
☐ [あつめる 아쯔메루]

모으다

できるだけ多くの人を集めてください。

가능한 한 많은 사람을 모으세요.

779
☐
☐ **浴びる**
☐ [あびる 아비루]

뒤집어쓰다, 흠뻑 쓰다

シャワーを浴びて綺麗さっぱりとする。

샤워를 해서 청결히 하다.

780
☐
☐ **謝る**
☐ [あやまる 아야마루]

사죄하다; 사과하다

謝らない限り許さない。

사과하지 않는 한 용서하지 않겠다.

781
洗う
[あらう 아라우]
씻다; 빨다

この染みは洗っても落ちない。

이 얼룩은 빨아도 지워지지 않는다.

782
ある
[有る 아루]
있다

いい考えがある。

좋은 생각이 있다.

783
歩く
[あるく 아루꾸]
걷다

手を取り合って歩く。

손을 맞잡고 걷다.

784
言う
[いう 이우]
말하다

気弱なことを言うな。/正直に言うよ。

마음 약한 소리 하지 마. / 솔직하게 말할게.

785
生きる
[いきる 이끼루]
살다, 생존하다

人は生きるために食べる。

사람은 살기 위해 먹는다.

786
行く
[いく 이꾸]
가다

飲物を持って行く。

마실 것을 가지고 가다.

787
苛める
[いじめる 이지메루]
괴롭히다; 들볶다

無関係な人を苛めるな。

애먼 사람 들볶지 마라.

788
急ぐ
[いそぐ 이소구]
서두르다, 채비하다

もう少し急いでください。

좀 더 서둘러 주세요.

789
致す
[いたす 이따스]
하다의 겸양어

では失礼致します。

그럼 실례하겠습니다.

790
頂く
[いただく 이따다꾸]
받다의 겸양어

珍しい品を頂く。

귀한 선물을 받다.

791
祈る
[いのる 이노루]
빌다; 기원하다

子供の幸福を祈る。

아이의 행복을 빌다.

792
いらっしゃる
[이랏샤루]
계시다, 가시다, 오시다

お客が居間にいらっしゃる。

손님이 거실에 계시다.

793 □ □ **いる** □ [居る 이루] 있다	アフリカにはライオンや象_{ぞう}など がいる。 아프리카에는 사자나 코끼리 등이 있다.

794 □ □ **要る** □ [いる 이루] 필요하다; 소용되다	要るだけ持_もって行_いけ。 필요한 만큼 갖고 가라.

795 □ □ **入れる** □ [いれる 이레루] 넣다	ポケットに手_てを入れる。 호주머니에 손을 넣다.

796 □ □ **祝う** □ [いわう 이와우] 축하하다	受賞_{じゅしょう}を祝って乾杯_{かんぱい}する。 수상을 축하하며 건배하다.

797 □ □ **植える** □ [うえる 우에루] 심다	庭_{にわ}に草花_{くさばな}を植える。 뜰에 화초를 심다.

798 □ □ **うかがう** □ [窺う 우까가우] 엿보다; 살피다	人_{ひと}の顔色_{かおいろ}をうかがう。 남의 안색을 살피다.

799
伺う
[うかがう 우까가우]
듣다, 묻다의 겸양어

安否を伺う。/お話を伺う。

あんぴ / はなし

안부를 묻다. / 말씀을 듣다.

800
受ける
[うける 우께루]
받다

ノーベル賞を受ける。

しょう

노벨상을 받다.

801
動く
[うごく 우고꾸]
움직이다, 작동하다

動かないで、すぐに戻るから。

もど

움직이지 말고 있어. 금방 돌아올 테니까.

802
歌う
[うたう 우따우]
노래하다

歌を歌いながら歩く。

うた / ある

노래를 부르면서 걷다.

803
打つ
[うつ 우쯔]
치다, 때리다

百八の鐘を打つ。

ひゃくはち かね

제야의 종을 치다.

804
写す
[うつす 우쯔스]
베끼다

参考書をそっくり写す。

さんこうしょ

참고서를 모조리 베끼다.

805
☐
☐ **生まれる**
☐ [うまれる 우마레루]

태어나다

生まれた子に名を付ける。

태어난 아이에게 이름을 지어주다.

806
☐
☐ **売る**
☐ [うる 우루]

팔다

いろいろな本を売る。

여러 가지 책을 팔다.

807
☐
☐ **選ぶ**
☐ [えらぶ 에라부]

고르다, 뽑다

どれを選ぶかは君の自由だ。

어느 쪽을 택하느냐는 네 자유다.

808
☐
☐ **起きる**
☐ [おきる 오끼루]

일어나다

7時に起きるのが決まりだ。

7시에 일어나는 것이 습관이다.

809
☐
☐ **置く**
☐ [おく 오꾸]

두다, 놓다

窓際に机を置く。

창가에 책상을 놓다.

810
☐
☐ **送る**
☐ [おくる 오꾸루]

보내다, 부치다

忙しい毎日を送る。

분주한 나날을 보내다.

811
遅れる
[おくれる 오꾸레루]
늦다

しゅっきん じ かん
出 勤 時間に遅れる。

출근 시간에 늦다.

812
起こす
[おこす 오꼬스]
일으키다

こうつう じ こ
交通事故を起こす。

교통사고를 일으키다.

813
起こる
[おこる 오꼬루]
일어나다

せんそう
いつ戦争が起こるかわからな
い。

언제 전쟁이 일어날지 모른다.

814
怒る
[おこる 오꼬루]
성내다; 화내다

こと
それくらいの事で怒るのかね。

그만 일에 화를 내냐?

815
教える
[おしえる 오시에루]
가르치다

えいかい わ
英会話を教える。

영어회화를 가르치다.

816
押す
[おす 오스]
밀다, 누르다

よ りん
呼び鈴のボタンを押す。

초인종의 버튼을 누르다.

817
落ちる
[おちる 오찌루]
떨어지다

猿も木から落ちる。
원숭이도 나무에서 떨어진다.

818
おっしゃる
[옷샤루]
말씀하시다

いかにもおっしゃるとおりです。
과연 말씀 대로입니다.

819
落とす
[おとす 오또스]
떨어뜨리다

橋の上から石を落とす。
다리 위에서 돌을 떨어뜨리다.

820
踊る
[おどる 오도루]
춤추다

音楽に合わせて踊る。
음악에 맞추어 춤추다.

821
驚く
[おどろく 오도로꾸]
놀라다

大きな音に驚く。
큰소리에 놀라다.

822
覚える
[おぼえる 오보에루]
기억하다; 외우다, 느끼다

長い文章を覚える。/激しい
胸痛を覚える。
긴 문장을 외우다. / 심한 흉통을 느끼다.

823
思い出す
[おもいだす 오모이다스]
생각해 내다; 상기하다

ふいと用件を思い出す。
문득 용건을 생각해 내다.

824
思う
[おもう 오모우]
생각하다; 헤아리다, 느끼다

極めて残念に思う。
매우 유감스럽게 생각한다.

825
泳ぐ
[およぐ 오요구]
헤엄치다

ここで泳いではならない。
여기서 헤엄쳐서는 안 된다.

826
降りる
[おりる 오리루]
내리다

この次の停留所で降りる。
이 다음 정거장에서 내린다.

827
下りる
[おりる 오리루]
내리다, 내려오다

入り口のシャッターが下りる。
입구의 셔터가 내려오다.

828
おる
[居る 오루]
있다

だれかおるか。
누구 있나?

829
折れる
[おれる 오레루]
접히다, 꺾어지다

風で枝が折れる。
바람으로 가지가 부러지다.

830
終わる
[おわる 오와루]
끝나다, 마치다

まもなく夏休みが終わる。
오래지 않아 여름 방학이 끝난다.

831
買う
[かう 카우]
사다

いろんな物を買う。
여러 가지 물건을 사다.

832
飼う
[かう 카우]
기르다; 치다

家で飼うペット
집에서 기르는 애완동물

833
返す
[かえす 카에스]
돌려주다

借金を期限までに返す。
빚을 기한까지 갚다.

834
帰る
[かえる 카에루]
돌아가다; 돌아오다

仕事を終えて帰る。
일을 끝내고 돌아가다.

| 835 ☐☐☐ | **変える**
[かえる 카에루]
바꾸다, 변하다 | 意見^{いけん}をくるりと変える。
의견을 갑자기 바꾸다. |

835
☐
☐ **変える**
☐ [かえる 카에루]

バ꾸다, 변하다

意見<ruby>意見<rt>いけん</rt></ruby>をくるりと変える。

의견을 갑자기 바꾸다.

836
☐
☐ **係る**
☐ [かかる 카까루]

관계되다; 관련되다

この語<ruby>語<rt>ご</rt></ruby>は動詞<ruby>動詞<rt>どうし</rt></ruby>に係る。

이 말은 동사에 관계된다.

837
☐
☐ **掛かる**
☐ [かかる 카까루]

걸리다

小鳥<ruby>小鳥<rt>ことり</rt></ruby>が網<ruby>網<rt>あみ</rt></ruby>に掛かる。

새가 그물에 걸리다.

838
☐
☐ **書く**
☐ [かく 카꾸]

쓰다

手紙<ruby>手紙<rt>てがみ</rt></ruby>を書く暇<ruby>暇<rt>ひま</rt></ruby>もない。

편지를 쓸 틈도 없다.

839
☐
☐ **掛ける**
☐ [かける 카께루]

걸다, 달다, 잠그다

プラカードを掛ける。

플래카드를 걸다.

840
☐
☐ **飾る**
☐ [かざる 카자루]

장식하다, 꾸미다

宝石<ruby>宝石<rt>ほうせき</rt></ruby>で身<ruby>身<rt>み</rt></ruby>を飾る。

보석으로 몸을 치장하다.

841 貸す
- [かす 카스]
- 빌려 주다

泣き付かれて金を貸す。

애원하여 돈을 빌려주다.

842 片付ける
- [かたづける 카따즈께루]
- 치우다, 정돈하다

机の上を片付ける。

책상 위를 정돈하다.

843 勝つ
- [かつ 카쯔]
- 이기다

大きなスコアの差で勝つ。

큰 스코어 차로 이기다.

844 被る
- [かぶる 카부루]
- 쓰다; 뒤집어쓰다

帽子を深めに被る。

모자를 푹 눌러 쓰다.

845 通う
- [かよう 카요우]
- 다니다; 왕래하다

歩いて学校に通う。

걸어서 학교에 다니다.

846 借りる
- [かりる 카리루]
- 빌리다; 꾸다

無利子で金を借りる。

무이자로 돈을 빌리다.

847
乾く
[かわく 카와꾸]
마르다

洗濯物_{せんたくもの}がからからに乾く。

빨래가 바싹 마르다.

848
変わる
[かわる 카와루]
변하다; 바뀌다

態度_{たいど}ががらっと変わる。

태도가 싹 바뀌다.

849
考える
[かんがえる 캉가에루]
생각하다

考えるまでもないことだ。

생각할 필요도 없는 일이다.

850
頑張る
[がんばる 감바루]
분발하다; 힘내다

ゴールを目指_{めざ}して頑張る。

목표를 향해 분발하다.

851
消える
[きえる 키에루]
사라지다, 없어지다

車_{くるま}がどこかに消える。

차가 어디론가 사라지다.

852
聞く
[きく 키꾸]
듣다, 묻다

直_{じか}に話_{はなし}を聞く。/立_たち入_いったことを聞く。

직접 이야기를 듣다. / 주제넘은 것을 묻다.

853
聞える
[きこえる 키꼬에루]
들리다

<ruby>歌声<rt>うたごえ</rt></ruby>がそとに**聞える**。

노랫소리가 밖에 들리다.

854
決まる
[きまる 키마루]
정해지다; 결정되다

<ruby>会長<rt>かいちょう</rt></ruby>の<ruby>一声<rt>ひとこえ</rt></ruby>で**決まる**。

회장의 한 마디로 결정되다.

855
決める
[きめる 키메루]
정하다; 결정하다

<ruby>彼女<rt>かのじょ</rt></ruby>と<ruby>結婚<rt>けっこん</rt></ruby>することに**決める**。

그녀와 결혼하기로 결정하다.

856
切る
[きる 키루]
베다, 자르다

<ruby>紙<rt>かみ</rt></ruby>をじょきじょきと**切る**。

종이를 싹둑싹둑 자르다.

857
着る
[きる 키루]
(옷을) 입다

セーターの<ruby>下<rt>した</rt></ruby>にシャツを**着る**。

스웨터 속에 셔츠를 입다.

858
下さる
[くださる 쿠다사루]
주시다

<ruby>鉛筆<rt>えんぴつ</rt></ruby>を<ruby>一本<rt>いっぽん</rt></ruby>**下さる**。

연필을 한 자루 주시다.

859

曇る

[くもる 쿠모루]

흐리다; 흐려지다

照る日もあれば曇る日もある。

갠 날이 있으면 흐린 날도 있다.

860

比べる

[くらべる 쿠라베루]

비교하다; 대조하다

長さに比べて幅が広い。

길이에 비해서 폭이 넓다.

861

来る

[くる 쿠루]

오다

友人が尋ねて来る。

친구가 찾아오다.

862

くれる

[쿠레루]

주다

くれるどころか話もなかったよ。

주기는커녕 말도 없더라.

863

暮れる

[くれる 쿠레루]

(해가) 지다, (날이) 저물다

すでにして日は暮れる。

이윽고 해가 지다.

864

消す

[けす 케스]

(불을) 끄다

水をかけて火を消す。

물을 뿌려 불을 끄다.

865 □ □ □ **答える** [こたえる 코따에루] 대답하다	<ruby>元<rt>げん</rt></ruby><ruby>気<rt>き</rt></ruby>よく、はい、と答える。 기운차게 네 하고 대답하다.
866 □ □ □ **困る** [こまる 코마루] 곤란하다	<ruby>別<rt>べつ</rt></ruby>に困ることはない。 특별히 곤란한 것은 없다.
867 □ □ □ **込む** [こむ 코무] 혼잡하다; 붐비다, 안에 넣다	<ruby>休日<rt>きゅうじつ</rt></ruby>は<ruby>映画館<rt>えいがかん</rt></ruby>が込む。 휴일은 영화관이 붐빈다.
868 □ □ □ **転ぶ** [ころぶ 코로부] 쓰러지다; 구르다	よそみをしていて転ぶ。 한눈팔다가 넘어지다.
869 □ □ □ **壊す** [こわす 코와스] 파괴하다; 부수다	<ruby>食卓<rt>しょくたく</rt></ruby>の<ruby>皿<rt>さら</rt></ruby>を<ruby>落<rt>お</rt></ruby>として壊す。 식탁의 접시를 떨어뜨려 깨다.
870 □ □ □ **壊れる** [こわれる 코와레루] 깨지다, 부서지다	<ruby>窓<rt>まど</rt></ruby>ガラスが壊れる。 유리창이 깨지다.

871
□
□ **探す**
□ [さがす 사가스]
찾다

かく じんざい
隠れた人材を探す。

숨은 인재를 찾다.

872
□
□ **下がる**
□ [さがる 사가루]
내리다, 내려가다

きゅうげき き おん
急激に気温が下がる。

급격하게 기온이 내려가다.

873
□
□ **咲く**
□ [さく 사꾸]
(꽃이) 피다

ゆうがた じ かん
夕方咲いて3時間でしぼむ。

저녁에 피어 세 시간이면 시든다.

874
□
□ **下げる**
□ [さげる 사게루]
내리다, 내려주다

りょうさん か かく
量産して価格を下げる。

양산하여 가격을 내리다.

875
□
□ **差し上げる**
□ [さしあげる 사시아게루]
들어 올리다, 드리다; 바치다

れい て がみ
お礼の手紙を差し上げる。

감사의 편지를 드리다.

876
□
□ **差す**
□ [さす 사스]
가리다; 쓰다

かさ ま かげ
傘を差す。/目蔭を差す。

우산을 쓰다. / 손을 들어 햇빛을 가리다.

877
☐
☐ **騒ぐ**
☐ [さわぐ 사와구]

떠들다

多くの人が集まって騒ぐ。

많은 사람이 모여서 떠들다.

878
☐
☐ **触る**
☐ [さわる 사와루]

닿다; 손을 대다

絵に触ってはいけない。

그림에 손을 대서는 안 된다.

879
☐
☐ **叱る**
☐ [しかる 시까루]

꾸짖다; 야단치다

子供をむやみに叱るのはよくない。

아이를 무턱대고 꾸짖는 것은 좋지 않다.

880
☐
☐ **死ぬ**
☐ [しぬ 시누]

죽다

危なく死ぬところだった。

하마터면 죽을 뻔했다.

881
☐
☐ **仕舞う**
☐ [しまう 시마우]

파하다; 끝나다, 마치다

仕事が仕舞って帰る。

일이 끝나서 돌아가다[돌아오다].

882
☐
☐ **閉まる**
☐ [しまる 시마루]

닫히다

図書館は5時に閉まる。

도서관은 5시에 닫힌다.

883
閉める
[しめる 시메루]
닫다

店は夜10時に閉めるそうです。

가게는 밤 10시에 닫는답니다.

884
締める
[しめる 시메루]
죄다, 조르다; 매다, 다잡다

運動靴のひもを締める。

운동화 끈을 졸라매다.

885
知らせる
[しらせる 시라세루]
알리다; 통보하다

親しい人々に知らせる。

친한 사람들에게 알리다.

886
調べる
[しらべる 시라베루]
조사하다; 검토하다

事故の原因を調べる。

사고 원인을 조사하다.

887
知る
[しる 시루]
알다

野球ならよく知っている。

야구라면 잘 알고 있다.

888
吸う
[すう 스-]
들이마시다; 빨아들이다

空気を吸う。/タバコを吸う。

공기를 들이마시다. / 담배를 피우다.

165

889
過ぎる
[すぎる 스기루]

지나다; 통과하다, 지내다

_{おおさかえき}
大阪駅はもう過ぎた。

오사카 역은 이미 지났다.

890
空く
[すく 스꾸]

틈이 나다; 짬이 나다, 속이 비다

_て
手が空く。/バスが空いている。

짬[손]이 나다. / 버스가 비어 있다.

891
進む
[すすむ 스스무]

나아가다

_{せんとう}_た
先頭に立って進む。

앞장서서 나아가다.

892
捨てる
[すてる 스떼루]

버리다

捨てるのはもったいない。

버리는 것은 아깝다.

893
滑る
[すべる 스베루]

미끄러지다

_{れっしゃ}_で_い
列車が滑べるように出て行く。

열차가 미끄러지듯 떠나가다.

894
住む
[すむ 스무]

살다; 거처하다

_{としん}
ソウルの都心に住む。

서울 도심에 살다.

895
□
□ **する**
□ [스루]
하다

そうするより外はなかった。

그렇게 할 수밖에 없었다.

896
□ **剃る**
□ [する 스루]
□
깎다

ひげを剃る。

수염을 깎다.

897
□ **座る**
□ [すわる 스와루]
□
앉다

正面に向かって座る。

정면을 향해 앉다.

898
□ **育てる**
□ [そだてる 소다떼루]
□
키우다; 기르다

子を立派な人に育てる。

자식을 훌륭한 사람으로 키우다.

899
□ **倒れる**
□ [たおれる 타오레루]
□
쓰러지다; 넘어지다

石につまずいて倒れる。

돌에 걸려 넘어지다.

900
□ **足す**
□ [たす 타스]
□
더하다, 보태다

二に二を足す。/結婚の費用に
足す。

둘에 둘을 더하다. / 결혼 비용에 보태다.

901
□
□ **出す**
□ [だす 다스]

내다; 내놓다

れいぞう こ　ぎゅうにゅう
冷蔵庫から牛乳を**出す**。

냉장고에서 우유를 꺼내다.

902
□
□ **訪ねる**
□ [たずねる 타즈네루]

찾다; 방문하다

せんせい　いえ
先生の家を**訪ねる**。

선생님 댁을 방문하다.

903
□
□ **立つ**
□ [たつ 타쯔]

일어서다, 일어나다

あん　さんせい　ひと
この案に賛成の人は**立って**ください。

이 안에 찬성하는 분은 일어서 주십시오.

904
□
□ **建つ**
□ [たつ 타쯔]

세워지다

ビルが**建つ**。

빌딩이 세워지다.

905
□
□ **立てる**
□ [たてる 타떼루]

세우다

けいかく
計画を**立てる**。

계획을 세우다.

906
□
□ **建てる**
□ [たてる 타떼루]

세우다; 짓다

がっこう
学校を**建てる**。

학교를 세우다.

168

907
□
□
□
頼む
[たのむ 타노무]
부탁하다

秘密 (ひ みつ) にすることを**頼む**。

비밀로 할 것을 부탁하다.

908
□
□
□
食べる
[たべる 타베루]
먹다

クッキーをおいしく**食べる**。

쿠키를 맛있게 먹다.

909
□
□
□
足りる
[たりる 타리루]
족하다, 충분하다

これぐらいの用事 (よう じ) は電話 (でん わ) で**足りる**。

이 정도의 일은 전화로도 충분하다.

910
□
□
□
違う
[ちがう 치가우]
다르다, 틀리다

きのうと**違って**今日 (きょう) はいい天気 (てん き) ですね。

어제와 달리 오늘은 날씨가 좋군요.

911
□
□
□
使う
[つかう 쓰까우]
쓰다, 사용하다

サッカーでは手 (て) を**使って**はいけない。

축구에서는 손을 써서는 안 된다.

912
□
□
□
捕まえる
[つかまえる 쓰까마에루]
붙잡다; 붙들다

犯人 (はん にん) を**捕まえる**。

범인을 붙잡다.

913
疲れる
[つかれる 쓰까에루]
지치다; 피로해지다

この仕事は疲れる。

이 일은 피곤하다.

914
付く
[つく 쓰꾸]
붙다, 달라붙다

泥がズボンに付く。

흙탕(물)이 바지에 묻다.

915
着く
[つく 쓰꾸]
닿다, 도착하다

9時には会社に着く。

9시에는 회사에 도착한다.

916
作る
[つくる 쓰꾸루]
만들다

木で机を作る。

나무로 책상을 만들다.

917
付ける
[つける 쓰께루]
붙이다

胸にブローチを付ける。

가슴에 브로치를 달다.

918
伝える
[つたえる 쓰따에루]
전하다

奥様によろしくお伝えください。

부인께 말씀 잘 전해 주십시오.

919
□
□
□
続く
[つづく 쓰즈꾸]
계속되다, 잇따르다

たいりょく
体力が**続く**限り頑張る。

체력이 계속되는 한 버틴다.

920
□
□
□
続ける
[つづける 쓰즈께루]
계속하다

どうぞその先を**続けて**ください。

어서, 그 다음을 계속하세요.

921
□
□
□
包む
[つつむ 쓰쓰무]
싸다; 포장하다

しなもの   かみ
品物を紙で**包む**。

물건을 종이로 싸다.

922
□
□
□
勤める
[つとめる 쓰또메루]
근무하다

たい か   ていねん
大過なく定年まで**勤める**。

대과 없이 정년까지 근무하다.

923
□
□
□
積もる
[つもる 쓰모루]
쌓이다

よる   ゆき
夜のうちに雪が**積もった**。

밤 사이에 눈이 쌓였다.

924
□
□
□
釣る
[つる 쓰루]
낚다

かわ   うお
川のほとりで魚を**釣る**。

냇가에서 낚시하다.

925
連れる
[つれる 쓰레루]
데리고 오다; 거느리다

犬を連れて散歩する。

개를 데리고 산책하다.

926
出掛ける
[でかける 데카께루]
외출하다; 나가다

家族全員で出掛ける。

가족 전원이 함께 외출하다.

927
出来上がる
[できあがる 데끼아가루]
물건이 완성되다; 이루어지다

その家はまもなく出来上がる。

그 집은 근간 완성된다.

928
出来る
[できる 데끼루]
생기다, 할 수 있다; 할 줄 알다

新しい橋が出来る。/子供にだって出来る。

새로운 다리가 생기다. / 어린애라도 할 수 있다.

929
手伝う
[てつだう 테쓰다우]
같이 거들다

母を手伝って洗濯をする。

어머니를 거들어 빨래를 하다.

930
出る
[でる 데루]
나가다; 나오다

部屋から一歩も外へ出ない。

방에서 한 발짝도 밖으로 나오지 않다.

931
☐
☐ **通る**
☐ [とおる 토오루]

통하다, 뚫리다

この家は風がよく通る。

이 집은 바람이 잘 통한다.

932
☐
☐ **閉じる**
☐ [とじる 토지루]

닫히다, 닫다

閉じていた目を見開く。

감았던 눈을 뜨다.

933
☐
☐ **届く**
☐ [とどく 토도꾸]

닿다; 달하다

遅くともあさってには届くだろう。

늦어도 모레는 닿을 것이다.

934
☐
☐ **届ける**
☐ [とどける 토도께루]

보내 주다, 신고하다

間違いなくお届けします。

틀림없이 보내 드리겠습니다.

935
☐
☐ **飛ぶ**
☐ [とぶ 토부]

날다

鳥が空を飛ぶ。

새가 하늘을 날다.

936
☐
☐ **泊まる**
☐ [とまる 토마루]

묵다, 숙박하다

もう遅いから泊まって行きなさい。

이제 늦었으니 묵고 가세요.

937
止まる
[とまる 토마루]
멈추다, 멎다; 그치다

赤信号で行進が止まる。
あかしんごう こうしん

빨간 신호로 행진이 멈추다.

938
泊める
[とめる 토메루]
숙박시키다; 묵게 하다

知人の家に泊めてもらう。
ちじん いえ

지인의 집에서 묵다.

939
止める
[とめる 토메루]
멈추다, 세우다

門のわきに車を止める。
もん くるま

문 옆에 차를 세우다.

940
取り替える
[とりかえる 토리까에루]
바꾸다; 교환하다

友と本を取り替える。
とも ほん

친구와 책을 바꾸다.

941
撮る
[とる 토루]
(사진 등을) 찍다

映画[風景]を撮る。
えいが ふうけい

영화를[풍경을] 찍다.

942
取る
[とる 토루]
잡다, 들다; 쥐다

ハンドルを取る。

핸들을 잡다.

943
☐
☐ **直す**
☐ [なおす 나오스]

고치다, 바로잡다

子供の偏食を直す。
<ruby>子<rt>こ</rt></ruby><ruby>供<rt>ども</rt></ruby>の<ruby>偏食<rt>へんしょく</rt></ruby>を直す。

아이의 편식을 고치다.

944
☐
☐ **直る**
☐ [なおる 나오루]

고쳐지다, 바로잡히다

<ruby>天気<rt>てんき</rt></ruby>はやがて直るだろう。

날씨는 곧 회복될 것이다.

945
☐
☐ **流れる**
☐ [ながれる 나가레루]

흐르다

ごみが<ruby>支<rt>つか</rt></ruby>えて<ruby>下水<rt>げすい</rt></ruby>が流れない。

쓰레기가 막혀 하수가 흐르지 않다.

946
☐
☐ **鳴く**
☐ [なく 나꾸]

(새·벌레·짐승 등이) 울다

<ruby>庭<rt>にわ</rt></ruby>で<ruby>虫<rt>むし</rt></ruby>が鳴く。

뜰에서 벌레가 울다.

947
☐
☐ **泣く**
☐ [なく 나꾸]

(사람이) 울다

<ruby>赤<rt>あか</rt></ruby>ん<ruby>坊<rt>ぼう</rt></ruby>が泣く。

갓난아기가 울다.

948
☐
☐ **無くす**
☐ [なくす 나꾸스]

없애다; 잃다

<ruby>男女<rt>だんじょ</rt></ruby>の<ruby>不平等<rt>ふびょうどう</rt></ruby>をなくす。

남녀 불평등을 없애다.

949
□
□
□
亡くなる
[なくなる 나꾸나루]

죽다; 돌아가다

お祖父さんは昨年亡くなりました。

할아버지는 작년에 돌아가셨습니다.

950
□
□
□
無くなる
[なくなる 나꾸나루]

없어지다

寒くて感じがなくなる。

추워서 감각이 없어지다.

951
□
□
□
投げる
[なげる 나게루]

던지다

石を投げるのをやめなさい。

돌을 그만 던져라!

952
□
□
□
なさる
[為さる 나사루]

하시다

それをどうなさるおつもりですか。

그것을 어떻게 하실 작정이십니까?

953
□
□
□
習う
[ならう 나라우]

익히다, 배우다

くるまの運転を習う。

자동차 운전을 익히다.

954
□
□
□
並ぶ
[ならぶ 나라부]

늘어서다

切符を買うために並ぶ。

표를 사기 위해 줄서다.

176

955
並べる
[ならべる 나라베루]
늘어놓다; 나란히 하다

ベランダに鉢を並べる。
베란다에 화분을 늘어놓다.

956
鳴る
[なる 나루]
울리다

鐘が鳴る。
종이 울리다.

957
なる
[為る 나루]
되다

氷が溶けて水になる。
얼음이 녹아서 물이 되다

958
慣れる
[なれる 나레루]
익숙해지다; 익다

新しい仕事に慣れてきた。
새로 시작한 일에 익숙해졌다.

959
似合う
[にあう 니아우]
어울리다

帽子がよく似合う。
모자가 잘 어울린다.

960
逃げる
[にげる 니게루]
도망치다; 달아나다

逃げる犯人を追いかける。
달아나는 범인을 뒤쫓다.

PART 02

961
似る
[にる 니루]

닮다

性格は父親に似ている。

성격은 아버지를 닮았다.

962
脱ぐ
[ぬぐ 누구]

벗다

靴は脱がなくてもけっこうです。

구두는 벗지 않아도 좋습니다.

963
盗む
[ぬすむ 누스무]

훔치다

盗んだやつは正しく彼だ。

훔친 놈은 분명히 그다.

964
塗る
[ぬる 누루]

바르다, 칠하다

傷口に薬を塗る。

상처에 약을 바르다.

965
濡れる
[ぬれる 누레루]

젖다

雨にびっしょり濡れる。

비에 흠뻑 젖다.

966
願う
[ねがう 네가우]

원하다; 바라다

世界の平和を願う。

세계 평화를 원하다.

967
眠る
[ねむる 네무루]
자다, 잠자다

おしゃべりはやめて眠りなさい。

조용히 하고 자거라.

968
寝る
[ねる 네루]
자다, 잠을 자다

わたしはすぐ寝るつもりだよ。

나는 곧 잘거야.

969
残る
[のこる 노꼬루]
남다

今日は全員残ってもらおう。

오늘은 전원 남아 있기를 바란다.

970
登る
[のぼる 노보루]
(높은 곳으로) 올라가다

丘に登ってあたりをながめる。

언덕에 올라 주위를 둘러보다.

971
飲む
[のむ 노무]
마시다, 복용하다

少しも飲まないで騒ぐ。

조금도 마시지 않고 떠들다.

972
乗り換える
[のりかえる 노리까에루]
갈아타다

電車からバスに乗り換える。

전차에서 버스로 갈아타다.

973
☐
☐ **乗る**
☐ [のる 노루]
타다

タクシーを拾って乗る。

택시를 잡아타다.

974
☐
☐ **入る**
☐ [はいる 하이루]
들어오다; 들어가다

大学の寮に入る。

대학 기숙사에 들어가다.

975
☐
☐ **穿く・履く**
☐ [はく 하꾸]
입다, 신다

スカート[ズボン]を穿く。/靴を
履く[脱ぐ]。

스커트[바지]를 입다. / 구두를 신다[벗다].

976
☐
☐ **運ぶ**
☐ [はこぶ 하꼬부]
운반하다; 옮기다

机を次の部屋に運ぶ。

책상을 다음 방으로 옮기다.

977
☐
☐ **始まる**
☐ [はじまる 하지마루]
시작되다

試験はいつから始まるの。

시험은 언제부터 시작하지?

978
☐
☐ **始める**
☐ [はじめる 하지메루]
시작하다

素手で商売を始める。

맨손으로 장사를 시작하다.

979
走る
[はしる 하시루]
달리다

走るのが何よりもいやです。

달리는 것이 가장 싫습니다.

980
働く
[はたらく 하따라꾸]
일하다; 활동하다

一日中フルに働く。

온종일 쉬지 않고 일하다.

981
話す
[はなす 하나스]
이야기하다, 말하다

先生に悩みを話す。

선생님에게 고민을 이야기하다.

982
払う
[はらう 하라우]
없애다, 물리치다, 지불하다

分母を払う。/悪魔を払う。/
別々に払う。 분모를 없애다. / 악귀를 쫓
아 버리다. / 따로따로 지불하다.

983
張る
[はる 하루]
뻗다, 펴다; 뻗치다

四方に根が張る。

사방으로 뿌리가 뻗(어나가)다.

984
晴れる
[はれる 하레루]
개다, 풀리다

雲が晴れ始めた。

구름이 개기 시작했다.

985
冷える
[ひえる 히에루]
차가워지다; 식다

よる
夜になって冷えてきた。

밤이 되어 날씨가 차가워졌다.

986
光る
[ひかる 히까루]
빛나다

ほうせき
宝石がきらりと光る。

보석이 반짝 빛나다.

987
引く
[ひく 히꾸]
끌다

ろうじん て　　　　　あんない
老人の手を引いて案内する。

노인의 손을 이끌어 안내하다.

988
弾く
[ひく 히꾸]
악기를 연주하다; 켜다; 타다

ピアノ[ギター]を弾く。

피아노[기타]를 치다.

989
引っ越す
[ひっこす 힉꼬스]
이사하다

いっぺん
一片のあいさつもなく引っ越す。

한마디 인사도 없이 이사를 가다.

990
開く
[ひらく 히라꾸]
열리다, 열다

ティー・パーティーを開く。

다과회를 열다.

991
拾う
[ひろう 히로우]
줍다

みちばた まんねんひつ
道端で万年筆を拾う。

길바닥에서 만년필을 줍다.

992
増える
[ふえる 후에루]
늘다; 증가하다

じんこう
人口が増える。

인구가 늘다.

993
吹く
[ふく 후꾸]
불다

みなみ すず かぜ
南から涼しい風が吹く。

남쪽에서 시원한 바람이 불다.

994
ぶつかる
[부쓰까루]
부딪다, 부닥치다

じ どうしゃ でんしゃ
自動車が電車にぶつかる。

자동차가 전철에 부딪치다.

995
太る
[ふとる 후또루]
살찌다

かんしょく
間食するから太るのだ。

간식을 먹으니까 살이 찌는 거야.

996
踏む
[ふむ 후무]
밟다

ブレーキペダルを踏む。

브레이크 페달을 밟다.

997 ☐☐☐ **降る** [ふる 후루] 내리다; 오다	<ruby>雨<rt>あめ</rt></ruby>がしきりに降る。 비가 줄기차게 오다.
998 ☐☐☐ **褒める** [ほめる 호메루] 칭찬하다	<ruby>上手<rt>じょうず</rt></ruby>な<ruby>字<rt>じ</rt></ruby>だとみんなが褒める。 잘 쓴 글씨라고 모두들 칭찬하다.
999 ☐☐☐ **参る** [まいる 마이루] 가다, 오다의 겸양어	<ruby>今度<rt>こんど</rt></ruby>はいつ参りましょうか。 이번[다음 번]에는 언제 올[갈]까요?
1000 ☐☐☐ **曲がる** [まがる 마가루] 구부러지다, 굽다	<ruby>年<rt>とし</rt></ruby>を<ruby>取<rt>と</rt></ruby>って<ruby>腰<rt>こし</rt></ruby>が曲がる。 나이가 먹어서 허리가 굽다.
1001 ☐☐☐ **負ける** [まける 마께루] 지다; 패하다	<ruby>記憶力<rt>きおくりょく</rt></ruby>では<ruby>誰<rt>だれ</rt></ruby>にも負けない。 기억력으로는 누구에게도 지지 않는다.
1002 ☐☐☐ **間違える** [まちがえる 마치까에루] 잘못하다; 틀리다	しまった、<ruby>時間<rt>じかん</rt></ruby>を間違えた。 아차, 시간이 틀렸다.

1003
□ **待つ**
□ [まつ 마쯔]
□
기다리다

ただ結果を待つだけだ。

그저 결과를 기다릴 뿐이다.

1004
□ **間に合う**
□ [まにあう 마니아우]
□
시간에 대다

終列車に間に合う。

마지막 열차[막차] 시간에 대다.

1005
□ **守る**
□ [まもる 마모루]
□
지키다

時間をきちんと守る。

시간을 정확히 지키다.

1006
□ **回る**
□ [まわる 마와루]
□
돌다

月が地球を回る。

달이 지구를 돌다.

1007
□ **見える**
□ [みえる 미에루]
□
보이다

山がよく見える。

산이 잘 보이다.

1008
□ **磨く**
□ [みがく 미가꾸]
□
닦다

食器を磨いてつやを出す。

그릇을 닦아 광을 내다.

1009
☐ **見せる**
☐ [みせる 미세루]
☐
보이다

ちょっと**見せて**ください。

잠깐 보여 주십시오.

1010
☐ **見付かる**
☐ [みつかる 미쓰까루]
☐
발견되다, 들키다

^{ほん}
本が**見付からない**。

책이 발견되지 않다.

1011
☐ **見つける**
☐ [みつける 미쓰께루]
☐
찾다; 발견하다

^{さが}　　　^{ほん}
探していた本を**見つける**。

찾고 있던 책을 발견하다.

1012
☐ **見る**
☐ [みる 미루]
☐
보다

テレビを**見る**。

텔레비전을 보다.

1013
☐ **迎える**
☐ [むかえる 무까에루]
☐
맞이하다, 마중하다

^{とし あ}　　　^{がいこく}
年明けを外国で**迎える**。

새해를 외국에서 맞이하다.

1014
☐ **召し上がる**
☐ [めしあがる 메시아가루]
☐
드시다

^{なに}
何を**召し上がり**ますか。

무엇을 드시겠습니까?

1015
申し上げる
[もうしあげる 모-시아게루]
말씀드리다

先もっておわびを**申し上げる**。

우선 사과의 말씀을 드린다.

1016
申す
[もうす 모-스]
말하다의 겸양어

わたしは山田と**申します**。

저는 야마다라고 합니다.

1017
持つ
[もつ 모쯔]
쥐다; 들다, 가지다

大金を**持って**出かける。

많은 돈을 가지고 외출하다.

1018
戻す
[もどす 모도스]
되돌리다; 갚다

時計を20分**戻す**。

시계를 20분 뒤로 돌리다.

1019
戻る
[もどる 모도루]
되돌아가다

できるだけすぐに**戻ります**。

가능한 한 빨리 돌아오겠습니다.

1020
もらう
[貰う 모라우]
받다; 얻다

知らない人から金を**もらうな**。

모르는 사람에게서 돈을 받지 마라.

1021
☐
☐
☐
焼く
[やく 야꾸]
태우다; 굽다

<ruby>肉<rt>にく</rt></ruby>を<ruby>中火<rt>ちゅうび</rt></ruby>で**焼く**。

고기를 중불로 굽다.

1022
☐
☐
☐
焼ける
[やける 야께루]
타다; 익다

この<ruby>肉<rt>にく</rt></ruby>はよく**焼けて**いません。

이 고기가 충분히 익지 않았는데요.

1023
☐
☐
☐
休む
[やすむ 야스무]
쉬다

ここでちょっと**休んで**<ruby>行<rt>い</rt></ruby>こう。

여기서 잠깐 쉬었다 가자.

1024
☐
☐
☐
痩せる
[やせる 야세루]
여위다; 살이 빠지다

<ruby>病気<rt>びょうき</rt></ruby>で<ruby>体<rt>からだ</rt></ruby>が**痩せる**。

병으로 몸이 마르다.

1025
☐
☐
☐
止む
[やむ 야무]
멈추다, 그치다

<ruby>雪<rt>ゆき</rt></ruby>がまだ**止まない**。

눈이 여지껏 그치지 않는다.

1026
☐
☐
☐
止める
[やめる 야메루]
그만두다; 중지하다

その<ruby>辺<rt>へん</rt></ruby>にして**止めなさい**。

그쯤 하고 그만둬라.

1027
□
□ **やる**
□ [遣る 야루]
하다, 주다, 보내다

えさを**やる**。/へまを**やる**。大学 <ruby>大学<rt>だいがく</rt></ruby>へ**遣る**。

먹이를 주다. / 바보짓을 하다. / 대학에 보내다.

1028
□ **行く**
□ [ゆく 유꾸]
□
가다

<ruby>君<rt>きみ</rt></ruby>、どこへ**行く**のか。

자네, 어디에 가나?

1029
□ **揺れる**
□ [ゆれる 유레루]
□
흔들리다

<ruby>風<rt>かぜ</rt></ruby>で<ruby>木<rt>き</rt></ruby>の<ruby>枝<rt>えだ</rt></ruby>が**揺れる**。

바람에 나뭇가지가 흔들리다.

1030
□ **汚れる**
□ [よごれる 요고레루]
□
더러워지다

<ruby>着物<rt>きもの</rt></ruby>のえり<ruby>首<rt>くび</rt></ruby>が**汚れる**。

옷의 목덜미가 더러워지다.

1031
□ **呼ぶ**
□ [よぶ 요부]
□
부르다

<ruby>右<rt>みぎ</rt></ruby>から<ruby>番号<rt>ばんごう</rt></ruby>を**呼ぶ**。

오른쪽부터 번호를 부르다.

1032
□ **読む**
□ [よむ 요무]
□
읽다

<ruby>新聞<rt>しんぶん</rt></ruby>を<ruby>広<rt>ひろ</rt></ruby>げて**読む**。

신문을 펼치고 읽다.

1033
□
□ **寄る**
□ [よる 요루]

접근하다; 다가가다

もうすこし右に寄ってください。

조금 더 오른쪽으로 다가서 주십시오.

1034
□ **喜ぶ**
□ [よろこぶ 요로꼬부]
□

즐거워하다; 기뻐하다

父の喜ぶ顔が見たい。

아버지의 기뻐하시는 모습이 보고 싶다.

1035
□ **沸かす**
□ [わかす 와까스]
□

데우다; 끓이다

湯を沸かす。

물을 끓이다.

1036
□ **分かる**
□ [わかる 와까루]
□

알다

いつか分かるだろう。

언젠가는 알게 될 것이다.

1037
□ **別れる**
□ [わかれる 와까레루]
□

헤어지다, 갈라서다

気持ち良く別れる。

기분 좋게 헤어지다.

1038
□ **沸く**
□ [わく 와꾸]
□

끓다

やかんの水がぐつぐつ沸く。

주전자 물이 부글부글 끓다.

1039
忘れる
[わすれる 와스레루]
잊다

うっかり約束を忘れた。

깜박 약속을 잊었다.

1040
渡す
[わたす 와따스]
건네주다

胡椒を渡していただけますか。

후춧가루 좀 건네 주시겠어요?

1041
渡る
[わたる 와따루]
건너다

石橋をたたきながら渡る。

돌다리를 두들기며 건너다.

1042
笑う
[わらう 와라우]
웃다

にっこり笑ってあいさつする。

생긋 웃으면서 인사하다.

1043
割る
[わる 와루]
나누다

費用は三人で割る。

비용은 셋이서 나누다.

1044
割れる
[われる 와레루]
갈라지다; 갈리다

地震で地面が割れる。

지진으로 땅이 갈라지다.

PART 03

형용사
형용동사

1045
青い
[あおい 아오이]

파랗다, 푸르다

梅の実はまだ青い。
うめ み

매실은 아직 파랗다.

1046
赤い
[あかい 아까이]

붉다; 빨갛다

充血して目が赤い。
じゅうけつ め

충혈되어 눈이 빨갛다.

1047
明るい
[あかるい 아까루이]

밝다, 명랑하다

真昼のように明るい。
ま ひる

대낮처럼 밝다.

1048
浅い
[あさい 아사이]

얕다, 깊지 않다

浅いところで泳ぎなさい。
およ

얕은 데서 수영하거라.

1049
新しい
[あたらしい 아따라시-]

새롭다

新しい生活を始める。
せいかつ はじ

새로운 생활을 시작하다.

1050
暑い
[あつい 아쯔이]

덥다

この夏は特に暑い。
なつ とく

올 여름은 특히 덥다.

1051
□
□ **熱い**
□ [あつい 아쯔이]
　　뜨겁다

熱が出て体が熱い。

열이 나서 몸이 뜨겁다.

1052
□ **厚い**
□ [あつい 아쯔이]
□
　　두껍다, 두텁다

背中の皮が厚い。

등가죽이 두껍다.

1053
□ **危ない**
□ [あぶない 아부나이]
□
　　위험하다

道路で遊ぶのは危ない。

길에서 노는 것은 위험하다.

1054
□ **甘い**
□ [あまい 아마이]
□
　　달다, 싱겁다

このブドウはとても甘い。

이 포도는 매우 달다.

1055
□ **いい**
□ [良い 이-]
□
　　좋다

頭もいいし気立てもいい。

머리도 좋고 마음씨도 좋다.

1056
□ **忙しい**
□ [いそがしい 이소가시-]
□
　　바쁘다

お客を迎えるのに忙しい。

손님 받기에 바쁘다.

1057 ☐ ☐ ☐ **痛い** [いたい 이따이] 아프다	ここのあたりが**痛い**です。 이 부분이 아픕니다.
1058 ☐ ☐ ☐ **薄い** [うすい 우스이] 얇다	**薄**い紙で下の絵が映る。 かみ　した　え　うつ 얇은 종이라서 밑의 그림이 비치다.
1059 ☐ ☐ ☐ **美しい** [うつくしい 우쯔꾸시-] 아름답다, 곱다	実に**美しい**景色だな。 じつ　　　けしき 참 좋은 경치로구나.
1060 ☐ ☐ ☐ **うまい** [うまい 우마이] 맛있다, 잘하다	この肉は**うまい**。/歌が**うまい**。 にく　　　　　　　うた 이 고기는 맛있다. / 노래를 잘하다.
1061 ☐ ☐ ☐ **煩い** [うるさい 우루사이] 시끄럽다; 번거롭다; 귀찮다	この部屋は**煩い**です。 へ や 이 방은 시끄럽습니다.
1062 ☐ ☐ ☐ **嬉しい** [うれしい 우레시-] 기쁘다	あなたに会えてとても**嬉しい**です。 あ 당신을 만나게 되어 정말 기뻐요.

196

1063
美味しい
[おいしい 오이시-]
맛있다

この料理は美味しい。

이 요리는 맛있다.

1064
多い
[おおい 오-이]
많다

数えきれないほど多い。

헤아릴 수 없을 만큼 많다.

1065
大きい
[おおきい 오-끼-]
크다

あの子は目が大きい。

저 아이는 눈이 크다.

1066
可笑しい
[おかしい 오까시-]
우습다, 이상하다

可笑しくてたまらない。

우스워 죽겠다.

1067
遅い
[おそい 오소이]
늦다, 느리다

今日は珍しく帰りが遅い。

오늘은 드물게 귀가가 늦다.

1068
大人しい
[おとなしい 오또나시-]
온순하다; 얌전하다

最初のうちは大人しかった。

처음 얼마 동안은 얌전했다.

1069
重い
[おもい 오모이]
무겁다

重くて持ち上げられない。

무거워서 들어 올릴 수가 없다.

1070
面白い
[おもしろい 오모시로이]
재미있다

この本はとても面白い。

이 책은 굉장히 재미있다.

1071
堅い・固い
[かたい 카따이]
단단하다; 딱딱하다

堅いものは食べられないって。

딱딱한 것은 못 먹는대.

1072
悲しい
[かなしい 카나시-]
슬프다

友達と別れて悲しい。

친구와 헤어져서 슬프다.

1073
辛い
[からい 카라이]
맵다

辛い物を好んで食べる。

매운 음식을 즐겨 먹는다.

1074
軽い
[かるい 카루이]
가볍다

ぐっすり寝たので身が軽い。

푹 잤더니 몸이 가볍다.

1075
☐
☐
☐

可愛い
[かわいい 카와이-]

귀엽다

ほら、あの犬! すごく可愛い。
いぬ

와, 저 개 좀 봐! 진짜 귀엽다.

1076
☐
☐
☐

黄色い
[きいろい 키-로이]

노랗다

箱に黄色いリボンをつける。
はこ

상자에 노란 리본을 달다.

1077
☐
☐
☐

汚い
[きたない 키따나이]

더럽다

汚い手で触るな。
て さわ

더러운 손으로 만지지 마라.

1078
☐
☐
☐

厳しい
[きびしい 키비시-]

엄하다; 심하다

勝負の世界は厳しい。
しょうぶ せかい

승부의 세계는 냉엄하다.

1079
☐
☐
☐

暗い
[くらい 쿠라이]

어둡다

日が落ちて辺りが暗くなる。
ひ お あた

해가 져서 주변이 어두워지다.

1080
☐
☐
☐

苦しい
[くるしい 쿠루시-]

괴롭다, 답답하다

物価高で生活が苦しい。
ぶっ か だか せいかつ

물가고로 생활이 곤란하다.

1081
黒い
[くろい 쿠로이]
검다, 까맣다

黒い靴^{くつ}がほしいですが。

黒^{くろ}い靴^{くつ}がほしいですが。

검정색 구두 갖고 싶은데요.

1082
細かい
[こまかい 코마까이]
잘다, 미세하다

朝^{あさ}から細^{こま}かい雨^{あめ}が降^ふりつづける。

아침부터 가랑비가 계속 내리다.

1083
怖い
[こわい 코와이]
무섭다, 두렵다

怖^{こわ}くて大声^{おおごえ}をあげる。

무서워서 큰 소리를 지르다.

1084
寂しい
[さびしい 사비시-]
허전하다, 쓸쓸하다

タバコが切^きれて口^{くち}が寂^{さび}しい。

담배가 떨어져서 입이 허전하다.

1085
寒い
[さむい 사무이]
춥다; 차다

春^{はる}といっても朝^{あさ}はまだ寒^{さむ}い。

봄이라 하지만 아침은 아직 춥다.

1086
親しい
[したしい 시따시-]
친하다, 가깝다

わたしたちは親^{した}しい友人^{ゆうじん}です。

우린 친한 친구입니다.

1087
白い
[しろい 시로이]

희다

白い歯を出して笑う。

하얀 이를 드러내고 웃다.

1088
少ない
[すくない 스꾸나이]

적다, 어리다

小遣いが少ないとねだる。

용돈이 적다고 투정하다.

1089
すごい
[凄い 스고이]

굉장하다

それにしても、すごい腕だ。

그렇다고 쳐도 굉장한 솜씨다.

1090
涼しい
[すずしい 스즈시-]

시원하다, 선선하다

朝夕は涼しくなりました。

아침 저녁으로 서늘해졌습니다.

1091
素晴らしい
[すばらしい 스바라시-]

훌륭하다; 굉장하다

素晴らしい夕食でした。

훌륭한 저녁식사였습니다.

1092
狭い
[せまい 세마이]

좁다

道がちょっと狭いです。

길이 좀 좁아요.

1093
高い
[たかい 타까이]
높다, (키가) 크다, 비싸다

山が高い。/丈が高い。/値が少し高い。

산이 높다. / 키가 크다. / 값이 좀 비싸다.

1094
正しい
[ただしい 타다시-]
옳다; 맞다

君の言うことが正しい。

자네 말이 옳다[맞다].

1095
楽しい
[たのしい 타노시-]
즐겁다

楽しい一時を過ごす。

즐거운 한때를 보내다.

1096
小さい
[ちいさい 치-사이]
작다

小さいサイズを見せてください。

작은 사이즈를 보여 주세요.

1097
近い
[ちかい 치까이]
가깝다

手の届く近い距離にある。

손길이 닿는 가까운 거리에 있다.

1098
冷たい
[つめたい 쓰메따이]
차갑다; 차다

いい天気だが、風が冷たい。

날씨는 좋은데 바람이 차다.

1099
□
□ **辛い**
□ [つらい 쓰라이]
고통스럽다; 괴롭다

<ruby>朝<rt>あさ</rt></ruby><ruby>起<rt>お</rt></ruby>きるのが**辛い**。

아침에 일어나는 것이 괴롭다.

1100
□
□ **強い**
□ [つよい 쓰요이]
강하다; 세다

<ruby>雨<rt>あめ</rt></ruby>も<ruby>降<rt>ふ</rt></ruby>るし<ruby>風<rt>かぜ</rt></ruby>も**強い**。

비도 오고 바람도 세다.

1101
□
□ **遠い**
□ [とおい 토-이]
멀다

<ruby>山頂<rt>さんちょう</rt></ruby>まではまだまだ**遠い**。

산정까지는 아직도 멀다.

1102
□
□ **ない**
□ [無い 나이]
없다, ~아니다

<ruby>例外<rt>れいがい</rt></ruby>の**ない**<ruby>規則<rt>きそく</rt></ruby>は**ない**。

예외 없는 규칙은 없다.

1103
□
□ **長い**
□ [ながい 나가이]
길다

<ruby>上演<rt>じょうえん</rt></ruby>の<ruby>時間<rt>じかん</rt></ruby>が**長い**。

상연 시간이 길다.

1104
□
□ **苦い**
□ [にがい 니가이]
씁쓸하다, 쓰다

<ruby>苦<rt>にが</rt></ruby>い<ruby>薬<rt>くすり</rt></ruby>をいっきに<ruby>飲<rt>の</rt></ruby>み<ruby>込<rt>こ</rt></ruby>む。

쓴 약을 한번에 삼키다.

1105
□ **憎い**
□ [にくい 니꾸이]
□ 밉다, 얄밉도록 훌륭하다

あいつが**憎くて**たまらない。

그놈이 미워 죽겠다.

1106
□ **温い**
□ [ぬるい 누루이]
□ 미지근하다

お茶が温い。

차가 미지근하다.

1107
□ **眠い**
□ [ねむい 네무이]
□ 졸리다

眠くて目がふさがる。

졸려서 눈이 감기다.

1108
□ **眠たい**
□ [ねむたい 네무따이]
□ 졸리다

朝から**眠たくて**仕方がない。

아침부터 졸려 죽겠다.

1109
□ **恥ずかしい**
□ [はずかしい 하즈까시-]
□ 부끄럽다; 창피하다

恥ずかしくてそんな事はできない。

창피해서 그런 짓은 못 한다.

1110
□ **速い**
□ [はやい 하야이]
□ 빠르다

この車は出足が**速い**。

이 차는 출발 속도가 빠르다.

1111
早い
[はやい 하야이]

이르다

しつぼう
失望するには早い。

실망하기에는 이르다.

1112
低い
[ひくい 히꾸이]

낮다

みず　　 ほう　 なが
水は低い方に流れる。

물은 낮은 곳으로 흐른다.

1113
ひどい
[酷い 히도이]

심하다, 가혹하다

か ぜ
とてもひどい風邪にかかる。

아주 심한 감기에 걸리다.

1114
広い
[ひろい 히로이]

넓다

なが　　　 くら　　　 はば
長さに比べて幅が広い。

길이에 비해서 폭이 넓다.

1115
深い
[ふかい 후까이]

깊다

かわ　　　　　　　　き
河が深いから気をつけなさい。

강이 깊으니 조심해라.

1116
太い
[ふとい 후또이]

굵다

かつ じ　　 いんさつ
太い活字で印刷する。

굵은 활자로 인쇄하다.

1117
古い
[ふるい 후루이]
오래되다, 헐다

古い家を建直す。
いえ たてなお

낡은 집을 고쳐 짓다.

1118
欲しい
[ほしい 호시-]
~하고 싶다; 바라다

話 相手が欲しい。/うちに来て
はなし あいて き
ほしい。 말 상대가 있으면 좋겠다. / 우리집에
왔으면 한다.

1119
細い
[ほそい 호소이]
가늘다, 좁다

線の細い人
せん ひと

선이 가는 사람

1120
不味い
[まずい 마즈이]
맛이 없다, 서투르다

この料理は不味い。
りょうり

이 요리는 맛이 없다.

1121
貧しい
[まずしい 마즈시-]
가난하다, 적다

貧しい家に生れる。
いえ うま

가난한 집에 태어나다.

1122
円い·丸い
[まるい 마루이]
둥글다

裏山に円い月がかかっている。
うらやま つき

뒷동산에 둥근 달이 걸려 있다.

1123
短い
[みじかい 미지까이]
짧다

長さはむしろ**短い**方だ。

길이는 오히려 짧은 편이다.

1124
難しい
[むずかしい 무즈까시-]
어렵다, 곤란하다

難しい言葉を辞書で引く。

어려운 말을 사전에서 찾다.

1125
珍しい
[めずらしい 메즈라시-]
드물다, 희귀하다

珍しい品をいただく。

귀한 선물을 받다.

1126
易しい
[やさしい 야사시-]
쉽다

比較的**易しい**問題が出た。

비교적 쉬운 문제가 나왔다.

1127
優しい
[やさしい 야사시-]
상냥하다

彼女は心立てが**優しい**。

그녀는 마음씨가 상냥하다.

1128
安い
[やすい 야스이]
싸다, 편하다

値段は**安い**が味はない。

값은 싼데 맛은 없다.

1129
☐ **柔らかい**
☐ [やわらかい 야와라까이]
☐ 부드럽다

布がとても柔らかい。

천이 아주 부드럽다.

1130
☐ **良い・善い**
☐ [よい 요이]
☐ 좋다, 뛰어나다; 훌륭하다

仲の良い兄弟

사이 좋은 형제

1131
☐ **宜しい**
☐ [よろしい 요로시-]
☐ 좋다, 적절하다

この方が宜しいと存じます。

이쪽이 괜찮다고 생각합니다.

1132
☐ **弱い**
☐ [よわい 요와이]
☐ 약하다

うちの子は弱い体質だ。

우리 아이는 약한 체질이다.

1133
☐ **若い**
☐ [わかい 와까이]
☐ 젊다

若い時は二度と来ない。

젊은 시절은 두 번 다시 오지 않는다.

1134
☐ **悪い**
☐ [わるい 와루이]
☐ 나쁘다, 못되다

悪い事をいたしましてすみません。

못된 짓을 해서 죄송합니다.

형용동사

1135
安全
[あんぜん 안젱]

안전

安全な**地域**に**住**んでいます。

안전한 지역에 살고 있습니다.

1136
意地悪
[いじわる 이지와루]

심술궂음; 짓궂음

あなたは**本当**に**意地悪**な**方**よ。

당신은 정말 짓궂은 분이에요.

1137
嫌
[いや 이야]

싫음; 하고 싶지 않음

嫌な**顔**をする。

싫은 얼굴을 하다.

1138
色々
[いろいろ 이로이로]

여러 가지 종류; 가지각색

色々な**本**を**売**る。

여러 가지 책을 팔다.

1139
大きな
[おおきな 오-끼나]

큰

大きな音を**立**てる。

큰 소리를 내다.

1140
同じ
[おなじ 오나지]
같음

二人は同じ年ごろだ。

두 사람은 같은 또래다.

1141
格好
[かっこう 칵꼬-]
알맞음

あの二人は格好のペアだ。

저 두 사람은 잘 맞는 짝이다.

1142
簡単
[かんたん 칸딴]
간단함

用件だけ簡単に話しなさい。

용건만 간단히 말하라.

1143
危険
[きけん 키껭]
위험

それは危険な考え方だ。

그것은 위험한 생각이다.

1144
嫌い
[きらい 키라이]
싫음; 마음에 들지 않음

わたしはとりわけニンニクが嫌いだ。

나는 특히 마늘이 싫다.

1145
奇麗
[きれい 키레-]
예쁨, 깨끗함

奇麗な花 /奇麗な水

예쁜 꽃 / 깨끗한 물

1146
□
□ **結構**
□ [けっこう 켁꼬-]

훌륭함; 좋음

結構なご家庭^{か てい}ですね。

훌륭한 가정[집안]이군요.

1147
□
□ **元気**
□ [げんき 겡끼]

원기; 기력; 건강한 모양

以前^{い ぜん}よりは**元気**だ。

이전보다는 건강하다.

1148
□
□ **盛ん**
□ [さかん 사깡]

번성함, 기세가 좋음

商売^{しょうばい}が**盛ん**である。/火^ひが**盛ん**
に燃^もえる。

장사가 번창하다. / 기세 좋게[활활] 타다.

1149
□
□ **三角**
□ [さんかく 상카꾸]

세모, 삼각

三角なビスケット

삼각 비스킷

1150
□
□ **残念**
□ [ざんねん 잔넹]

유감스러움, 아쉬운 모양

お会^あいできずに**残念**でした。

만나 뵙지 못하여 유감이었습니다.

1151
□
□ **静か**
□ [しずか 시즈까]

조용[고요]한 모양·상태

静かな部屋^{へ や}の方^{ほう}がいいです。

조용한 방이 좋습니다.

1152
失礼
[しつれい 시쯔레-]

실례, 예의가 없음

先輩に対してずいぶん失礼な話だ。

선배에 대해 매우 실례되는 말이다.

1153
邪魔
[じゃま 쟈마]

방해; 장애

邪魔な枝を切り払う。

방해되는[걸리는] 나뭇가지를 잘라 버리다.

1154
自由
[じゆう 지유-]

자유

自由な時間を持つ。

자유로운 시간을 갖다.

1155
十分
[じゅうぶん 쥬-붕]

충분

これで十分だと思う。

이것으로 충분하다고 생각한다.

1156
上手
[じょうず 죠-즈]

일이 능숙함, 솜씨가 좋음

彼女はスケートがとても上手だ。

그녀는 스케이트를 매우 잘 탄다.

1157
丈夫
[じょうぶ 죠-부]

건강함, 견고; 튼튼함

丈夫な素材を使う。

튼튼한 소재를 쓰다.

1158
心配
[しんぱい 심빠이]
걱정; 근심

将来のことが心配だ。
<small>しょうらい</small>

장래 일이 걱정이다.

1159
好き
[すき 스끼]
좋아함

食べ物は熱いのが好きだ。
<small>た　もの　あつ</small>

음식은 뜨거운 것을 좋아한다.

1160
ソフト
[소후토]
소프트한; 부드러운

ソフトなパーマをかけてください。

가볍게 파마해 주세요.

1161
大事
[だいじ 다이지]
소중함, 중요함

大事なことを言い落す。
<small>い　おと</small>

중요한 말을 빠뜨리다.

1162
大丈夫
[だいじょうぶ 다이죠-부]
괜찮음; 걱정없음

この水は飲んでも大丈夫でしょうか。
<small>みず　の</small>

이 물은 마셔도 괜찮을까요?

1163
大好き
[だいすき 다이스끼]
매우 좋아함

君の大好きなものはなにか。
<small>きみ</small>

네가 가장 좋아하는 것은 무엇이니?

1164
□
□ **大切**
□ [たいせつ 타이세쯔]

중요함, 귀중함

日ごろの勉強が**大切**だ。

평소의 공부가 중요하다.

1165
□
□ **大変**
□ [たいへん 타이헹]

큰일, 대단함

大変な事が起こった。/ **大変**な人出だ。

큰일이 났다. / 대단한 인파다.

1166
□
□ **確か**
□ [たしか 타시까]

확실함, 틀림없음

彼が生きている事は**確か**だ。

그가 살아 있음은 확실하다.

1167
□
□ **駄目**
□ [だめ 다메]

소용없음; 효과가 없음

いくら頼んでも**駄目**だ。

아무리 부탁해도 소용없다.

1168
□
□ **小さな**
□ [ちいさな 치-사나]

작은

小さな口元が愛らしい。

작은 입매가 사랑스럽다.

1169
□
□ **丁寧**
□ [ていねい 테-네-]

정중함, 공손함

丁寧な言葉を使いなさい。

공손한 말을 쓰도록 해라.

1170
□
□ **特別**
□ [とくべつ 토꾸베쯔]
특별

特別な感情は持っていない。

특별한 감정은 갖고 있지 않다.

1171
□ **賑やか**
□ [にぎやか 니기야까]
□
활기참; 번화함

歩道は多くの人出で賑やかだ。

인도가 많은 인파로 붐비다.

1172
□ **必要**
□ [ひつよう 히쯔요-]
□
필요

必要な人材がとぼしい。

필요한 인재가 모자라다.

1173
□ **複雑**
□ [ふくざつ 후꾸자쓰]
□
복잡

複雑な意味が含まっている。

복잡한 뜻이 포함되어 있다.

1174
□ **不便**
□ [ふべん 후벵]
□
불편

水道もないし、不便な所ですよ。

수도도 없고, 불편한 곳이에요.

1175
□ **下手**
□ [へた 헤따]
□
(솜씨가) 서투름, 어중간함

人づきあいの下手な人

교제가 서투른 사람

1176 別
☐ [べつ 베쯔]
☐ 다름

見ると聞くとは別だ。

보는 것과 듣는 것은 다르다.

1177 変
☐ [へん 헹]
☐ 보통이 아님; 이상함

彼は近頃どうも変だ。

그는 요즘 아무래도 이상하다.

1178 便利
☐ [べんり 벤리]
☐ 편리

これは非常に便利な物です。

이것은 대단히 편리한 물건입니다.

1179 真面目
☐ [まじめ 마지메]
☐ 진지함, 착실함; 성실함

大真面目に答える。/真面目な生活をする。

아주 진지하게 대답하다. / 성실한 생활을 하다.

1180 無理
☐ [むり 무리]
☐ 무리함, 도리가 아님

その仕事は一人では無理だ。

그 일은 혼자서는 무리다.

1181 有名
☐ [ゆうめい 유-메-]
☐ 유명

釣で有名な所はどこですか。

낚시로 유명한 곳은 어디입니까?

1182
立派
[りっぱ 립빠]
훌륭함; 더 말할 나위 없음

これだけ出来れば立派なもの
です。

이만큼 할 수 있으면 훌륭합니다.

1183
平気
[へいき 헤-끼]
아무렇지도 않음; 태연함

病気なのに平気で働く。

아픈데도 아무렇지도 않게 일하다.

1184
夢中
[むちゅう 무쮸-]
열중함; 몰두함

遊びに夢中だ。

노는 데 정신이 없다.

1185
迷惑
[めいわく 메-와꾸]
귀찮음; 성가심

迷惑な話だ。

귀찮은 이야기이다.

1186
面倒
[めんどう 멘도-]
번잡하고 성가심, 보살핌

辞書を引くのを面倒がってはい
けない。

사전 찾는 것을 귀찮아해선 안 된다.

1187
楽
[らく 라꾸]
편안함, 쉬움

楽な気持ちで試験を受ける。

편안한 마음으로 시험을 치르다.

부사
감동사

1188
□
□ **ああ**
□ [아]
저렇게

口でああ言っても本心は分からない。

입으로 저렇게 말해도 본심은 알 수 없다.

1189
□
□ **あと**
□ [後 아또]
앞으로; 아직

あと三日で正月だ。

앞으로 사흘이면 설이다.

1190
□
□ **あまり**
□ [余り 아마리]
너무; 지나치게, 그다지; 별로

あまり無理しないでください。/
あまりよく知らない。

너무 무리하지 마세요. / 그다지 잘 모른다.

1191
□
□ **いかが**
□ [이까가]
어떻게

いかがお過ごしですか。

어떻게 지내세요?

1192
□
□ **いくら**
□ [이꾸라]
아무리

いくら呼んでも返事がない。

아무리 불러도 대꾸가 없다.

1193
□
□ **いちいち**
□ [一々 이찌이찌]
하나하나; 빠짐없이

いちいちみんな見ているわけにはいかない。

일일이 다 보고 있을 수는 없다.

1194
□ **いちばん**
□ [一番 이찌방]
□
가장, 제일

あなたはどの季節がいちばん
好きですか。

당신은 어느 계절을 가장 좋아하십니까?

1195
□ **いつか**
□ [이쯔까]
□
언젠가, 조만간에

いつかそれを後悔する時があ
るだろう。

언젠가는 그것을 후회할 때가 있을 것이다.

1196
□ **いったい**
□ [一体 잇따이]
□
대체로, 도대체

いったい何事が起こったのか。

도대체 무슨 일이 일어났느냐?

1197
□ **いっぱい**
□ [一杯 입빠이]
□
가득

米は袋にいっぱい入っていた。

쌀은 자루에 가득 들어 있었다.

1198
□ **いつも**
□ [何時も 이쯔모]
□
언제나; 늘

いつもにこにこ笑っている。

늘 생글생글 웃고 있다.

1199
□ **今**
□ [いま 이마]
□
방금; 막, 곧; 바로

今どちらにお出でですか。

지금 어디 계십니까?

1200 いろいろ
☐
☐ [色々 이로이로]
☐
여러 가지

いろいろご心配をかけてすみ
ません。

여러 가지로 심려를 끼쳐 드려 죄송합니다.

1201 かならず
☐
☐ [必ず 카나라즈]
☐
반드시; 꼭

決心した以上はかならずやる。

결심한 이상은 반드시 한다.

1202 かなり
☐
☐ [카나리]
☐
제법; 어지간히; 상당히

その費用がかなりかかるだろ
う。

그 비용이 상당히 들거야.

1203 きっと
☐
☐ [킷또]
☐
꼭; 반드시

将来きっと後悔するだろう。

장차 반드시 후회할 것이다.

1204 けっこう
☐
☐ [結構 켁꼬-]
☐
그런대로; 제법; 충분히

山歩きはけっこう好きです。

산행은 꽤 좋아합니다.

1205 決して
☐
☐ [けっして 켓시떼]
☐
결코

私は決してうそを申しません。

저는 결코 거짓말을 하지 않습니다.

222

1206 さっき
[先 사끼]
아까; 조금 전

さっき電話がありましたよ。

아까 전화 왔었어요.

1207 しっかり
[식까리]
단단히; 꼭

しっかりつかまっていてください。

꼭 잡으세요.

1208 十分に
[じゅうぶんに 쥬-분니]
충분히

これくらいは十分にできます。

이 정도는 훌륭히 할 수 있습니다.

1209 ずいぶん
[随分 즈이붕]
대단히; 몹시, 충분히

この服はずいぶん長く持った。

이 옷은 꽤 오래 입었다.

1210 すぐに
[直ぐに 스구니]
곧; 즉시, 곧바로

すぐに降りて行きます。

곧 내려갈게요.

1211 少し
[すこし 스꼬시]
조금; 약간; 좀

風邪は少しよくなりましたか。

감기는 좀 나아졌습니까?

223

1212
すっかり
[슥까리]

죄다; 모두; 아주

酔ったあげくすっかり打ち明け
る。

술김에 죄다 털어놓다.

1213
ずっと
[즛또]

쭉, 훨씬; 매우

ずっと立ち通しだ。/ 彼の方が
ずっとえらい。

쭉 서 있다. / 그가 훨씬 훌륭하다.

1214
全然
[ぜんぜん 젠젱]

전연; 전혀

わたしは日本語は全然わから
ない。

나는 일본어는 전혀 모른다.

1215
そう
[소-]

그렇게

そう簡単にはいかない。

그렇게 간단히는 안 된다.

1216
それほど
[소레호도]

그렇게; 그다지; 그만큼

それほど好きなら結婚してもよ
い。

그렇게 좋으면 결혼해도 좋다.

1217
そろそろ
[소로소로]

이제 슬슬, 이제 곧

さて、そろそろ出かけようか。

자, 슬슬 나가 볼까?

1218 そんなに
☐
☐ [손나니]
☐
그렇게

そんなに夜遅くまで勉強した
のか。

그렇게 밤 늦게까지 공부했나?

1219 大体
☐
☐ [だいたい 다이따이]
☐
대체, 대개

大体において意見が一致した。

대체로 의견이 일치했다.

1220 大抵
☐
☐ [たいてい 타이떼-]
☐
대개; 대부분, 정도껏; 적당히

大抵の人は何か趣味を持って
いる。

대개의 사람은 무언가 취미를 갖고 있다.

1221 だいぶ
☐
☐ [大分 다이부]
☐
상당히; 어지간히; 꽤

話はだいぶ進んでるはずです。

이야기는 상당히 진전되고 있을 것입니다.

1222 大変
☐
☐ [たいへん 타이헹]
☐
몹시; 매우; 대단히

大変申し訳ございません。

대단히 죄송합니다.

1223 たくさん
☐
☐ [沢山 탁상]
☐
많음, 충분함; 더 필요 없음

お金がたくさんかかるのが
難点である。

돈이 많이 드는 것이 난점이다.

1224
☐ **たしかに**
☐ [確かに 타시까니]
☐
확실히; 틀림없이; 아마

それは確かにあなたが言った話だ。

그것은 분명 당신이 한 말이다.

1225
☐ **ただいま**
☐ [只今 타다이마]
☐
방금; 이제 막

ただいま出かけたところです。

방금 막 나갔습니다.

1226
☐ **例えば**
☐ [たとえば 타또에바]
☐
예를 들면; 예컨대

球技、例えば野球やバレーボールが好きだ。

구기, 예를 들면 야구나 배구를 좋아한다.

1227
☐ **たぶん**
☐ [多分 타붕]
☐
대개; 아마

たぶん今日も十中八九は遅れるだろう。

아마 오늘도 십상팔구 늦을 것이다.

1228
☐ **たまに**
☐ [타마니]
☐
가끔, 어쩌다가

たまには家でのんびりしたい。

가끔은 집에서 한가롭게 지내고 싶다.

1229
☐ **だんだん**
☐ [段々 단당]
☐
점점

先頭との差がだんだん狭まる。

선두와의 차가 점점 좁혀지다.

1230
☐
☐ **ちっとも**
☐ [칫또모]

조금도; 잠시도

<ruby>彼<rt>かれ</rt></ruby>はちっとも<ruby>心配<rt>しんぱい</rt></ruby>していません。

그는 조금도 걱정하지 않는다.

1231
☐
☐ **ちょうど**
☐ [쵸-도]

꼭; 정확히, 마침; 알맞게

ちょうど<ruby>体<rt>からだ</rt></ruby>に<ruby>合<rt>あ</rt></ruby>う。/ちょうど<ruby>絵<rt>え</rt></ruby>のようだ。

꼭 몸에 맞다. / 마치 그림같다.

1232
☐
☐ **ちょっと**
☐ [춋또]

조금; 좀

ちょっとむずかしいみたいだ。

좀 어려울 것 같다.

1233
☐
☐ **できるだけ**
☐ [데끼루다께]

가능한 한; 되도록

できるだけ<ruby>早<rt>はや</rt></ruby>く<ruby>返<rt>かえ</rt></ruby>してください。

가능한 한 빨리 돌려 주세요.

1234
☐
☐ **どうぞ**
☐ [도-조]

아무쪼록; 부디

どうぞ<ruby>合格<rt>ごうかく</rt></ruby>なさいますように。

부디 합격하시도록.

1235
☐
☐ **とうとう**
☐ [到頭 토-또]

드디어; 결국; 마침내

<ruby>3時間<rt>じかんま</rt></ruby>待ったが<ruby>彼<rt>かれ</rt></ruby>はとうとう<ruby>来<rt>こ</rt></ruby>なかった。

3시간 기다렸으나 결국 그는 오지 않았다.

1236
□ **どうも**
□ [도-모]
□ 정말; 참; 매우

来てくださって**どうも**ありがとう。

와 주셔서 정말 감사합니다.

1237
□ **遠くに**
□ [とおくに 토-꾸]
□ 멀리

遠くにちらちら灯火が見える。

멀리 깜박이는 불빛이 보인다.

1238
□ **ときどき**
□ [時々 토끼도끼]
□ 가끔; 때때로

ときどきあの方が思い出されます。

가끔 그분이 생각납니다.

1239
□ **特に**
□ [とくに 토꾸니]
□ 특히

特にこれと言う長所もない。

특히 이렇다 할 장점도 없다.

1240
□ **とくべつ**
□ [特別 토꾸베쯔]
□ 특별히

特別変わったところもない。

특별히 별다른 데도 없다.

1241
□ **とても**
□ [토떼모]
□ 대단히; 매우, 도저히

とても暑いです。/それは**とても**無理だ。

무척 덥습니다. / 그것은 도저히 무리다.

1242
どんどん
[돈동]
자꾸; 계속

^{みず}水がどんどん増していく。

물이 자꾸 불어난다.

1243
なかなか
[나까나까]
상당히; 꽤

なかなか面白い話だ。

꽤 재미있는 이야기다.

1244
なぜ
[나제]
왜; 어째서

なぜそういうことを言ったのですか。

왜 그런 말을 했어요?

1245
なるべく
[나루베꾸]
될 수 있는 한; 되도록

なるべく残さずに食べなさい。

되도록 남기지 말고 먹어라.

1246
なるほど
[나루호도]
정말; 과연

なるほど、君の言うとおりだ。

과연, 네가 말한 대로다.

1247
はじめて
[하지메떼]
처음; 비로소

はじめてお目にかかります。

처음 뵙겠습니다.

1248
☐ **はっきり**
☐ [학끼리]
☐ 똑똑히; 명확히

大声ではっきりと言い直す。

큰소리로 확실하게 다시 말하다.

1249
☐ **普通**
☐ [ふつう 후쯔-]
☐ 보통; 대개

普通そうは言わない。

보통 그렇게는 말하지 않는다.

1250
☐ **ほとんど**
☐ [호똔도]
☐ 대부분; 거의

わたしは三日間ほとんど眠っていない。

나는 3일 동안 거의 잠을 자지 못했다.

1251
☐ **本当に**
☐ [ほんとうに 혼또-니]
☐ 정말이지; 참으로

本当にお世話になりました。

정말로 많은 신세를 졌습니다.

1252
☐ **まず**
☐ [마즈]
☐ 우선, 첫째로

まず必要なのは資金です。

우선 필요한 것은 자금입니다.

1253
☐ **また**
☐ [마따]
☐ 또; 다시

では後でまた会いましょう。

그럼, 나중에 또 만납시다

1254
まだ
[마다]
아직(도), 겨우

出発にはまだ時間がある。

출발까지는 아직도 시간이 있다.

1255
まっすぐ
[맛스구]
똑바로, 곧장

この道をまっすぐ行きなさい。

이 길로 곧장 가시오.

1256
もう
[모-]
벌써; 이미, 더, 다시, 곧

もうけっこうです。/もう一度やっ
てみよう。/もう来るだろう。

이제 충분합니다. / 다시 한번 해보자. / 곧 올 것이다.

1257
もし
[모시]
만약; 만일

もし水がなかったら、生きてい
けない。

만약 물이 없으면 살아 갈 수 없다.

1258
もちろん
[勿論 모찌롱]
물론

もちろんそうするのはわれわれ
の義務だ。

물론 그렇게 하는 것은 우리들의 의무다.

1259
もっと
[못또]
더; 더욱; 좀더

もっと落ち着いて話しなさい。

좀더 침착하게 말하시오.

1260
やっと
[얏또]
겨우; 가까스로

これでやっと安心出来るわい。
이제야 겨우 안심이 되는군.

1261
やはり
[야하리]
역시

よもやと思ったがやはりそうだった。
설마 했는데 역시 그랬다.

1262
やっぱり
[矢っ張り 얍빠리]
역시, やはり의 구어체

やっぱり思ったとおりだ。
역시 생각한 대로다.

1263
ゆっくり
[육꾸리]
천천히; 서서히

まだ時間が早いからゆっくりでいいよ。
아직 시간이 이르니까 천천히 해도 괜찮아.

1264
よく
[요꾸]
잘; 충분히, 곧잘

よくおいで下さいました。
잘 오셨습니다.

1265
わざわざ
[와자와자]
일부러, 고의로

わざわざおいで下さってありがとうございます。
일부러 와주셔서 고맙습니다.

▶ • • • **감동사**

1266
☐
☐ **あ**
☐ [아]

아, 사람을 부를 때 쓰는 말

あ、君、ちょっと。

아, 자네, 좀[잠깐].

1267
☐
☐ **ああ**
☐ [아]

아, 말을 건넬 때 내는 소리

ああ、もしもし。

아, 여보세요.

1268
☐
☐ **うん**
☐ [웅]

응, 승낙·긍정을 표시하는 말

うん、そうだ。

응, 그렇지(상기하면서).

1269
☐
☐ **おい**
☐ [오이]

여봐; 이봐

おい、どこへ行くんだ。

이봐, 어딜 가는 거지?

1270
☐
☐ **あら**
☐ [아라]

어머(나), 놀랐을 때 내는 소리

あら、しばらく。

어머나, 오랫만이야.

1271
☐
☐ **あの** [아노]
☐
생각이나 말이 막혔을 때 내는
소리: 저

あの、腹が痛かったのですから。

저, 배가 아파서요.

1272
☐
☐ **いいえ**
☐ [이-에]

아니(오)

**お好きですか。/いいえ、きらい
です。**

좋아하십니까? 아아뇨, 싫어합니다.

1273
☐
☐ **ええ**
☐ [에-]

네; 예

**ええ、綺麗ですね。それはいくら
ですか。**

네, 아름답군요. 이건 얼마입니까?

1274
☐
☐ **おや**
☐ [오야]

아니; 어머나; 이런

おや、道を間違えたかな。

아니, 길을 잘못 들었나?

1275
☐
☐ **さあ**
☐ [사-]

자야; 어서, 아아, 글쎄

**さあお入りなさい。/さあ私にで
きるかしら。**

자아, 들어가요. / 글쎄, 내가 할 수 있을까?

1276
☐
☐ **さようなら**
☐ [사요-나라]

안녕히 가십시오(계십시오)

**さて、じゃあ、さようなら、また
今度ね。**

그럼 안녕, 또 보자.

1277
□ **そう** [소-]
□
□ 상대 말에 긍정·놀람·반신반의
를 나타내는 말: 그래; 정말

そう、うそじゃないだろうな。

그래, 거짓말은 아니겠지.

1278
□ **ただいま**
□ [타다이마]
□ 집에 돌아왔을 때의 인사말

ただいま。/おかえりなさい。

다녀왔어요. / 어서 오세요.

1279
□ **ちょっと**
□ [춋또]
□ 잠깐, (호칭으로) 이봐요

おい、ちょっとこっちへ来てごらん。

얘, 잠깐 이리 좀 와 봐.

1280
□ **なるほど** [나루호도]
□
□ 남의 주장을 긍정할 때나, 상대
말에 맞장구치며: 정말; 과연

なるほど、彼は来ているようだ。

정말, 그는 와 있는 모양이다.

1281
□ **はい**
□ [하이]
□
네, 대답하는 소리

まだ行かないかね。/はい、行きません。

아직 안 갔나? 네, 안 갔습니다.

1282
□ **もしもし**
□ [모시모시]
□
여보세요

もしもし、田中さんでしょうか。

여보세요, 다나카 씨이세요?

부록

주제별 단어

부록

■ 숫자

- ☐ 一(いち) 일, 1
- ☐ 二(に) 이, 2
- ☐ 三(さん) 삼, 3
- ☐ 四(し/よん) 사, 4
- ☐ 五(ご) 오, 5
- ☐ 六(ろく) 육, 6
- ☐ 七(しち/なな) 칠, 7
- ☐ 八(はち) 팔, 8
- ☐ 九(く/きゅう) 구, 9
- ☐ 十(じゅう) 십, 10
- ☐ 二十(にじゅう) 이십, 20
- ☐ 三十(さんじゅう) 삼십, 30
- ☐ 四十(よんじゅう) 사십, 40
- ☐ 五十(ごじゅう) 오십, 50
- ☐ 六十(ろくじゅう) 육십, 60
- ☐ 七十(ななじゅう) 칠십, 70
- ☐ 八十(はちじゅう) 팔십, 80
- ☐ 九十(きゅうじゅう) 구십, 90
- ☐ 百(ひゃく) 백, 100
- ☐ 二百(にひゃく) 이백, 200
- ☐ 三百(さんびゃく) 삼백, 300
- ☐ 四百(よんひゃく) 사백, 400
- ☐ 五百(ごひゃく) 오백, 500
- ☐ 六百(ろっぴゃく) 육백, 600

- ☐ 七百(ななひゃく) 칠백, 700
- ☐ 八百(はっぴゃく) 팔백, 800
- ☐ 九百(きゅうひゃく) 구백, 900
- ☐ 一千(いっせん) 천, 1,000
- ☐ 二千(にせん) 이천, 2,000
- ☐ 三千(さんぜん) 삼천, 3,000
- ☐ 四千(よんせん) 사천, 4,000
- ☐ 五千(ごせん) 오천, 5,000
- ☐ 六千(ろくせん) 육천, 6,000
- ☐ 七千(ななせん) 칠천, 7,000
- ☐ 八千(はっせん) 팔천, 8,000
- ☐ 九千(きゅうせん) 구천, 9,000
- ☐ 一万(いちまん) 만, 10,000
- ☐ 二万(にまん) 이만, 20,000
- ☐ 三万(さんまん) 삼만, 30,000
- ☐ 四万(よんまん) 사만, 40,000
- ☐ 五万(ごまん) 오만, 50,000
- ☐ 六万(ろくまん) 육만, 60,000
- ☐ 七万(なな/しちまん)
  칠만, 70,000
- ☐ 八万(はちまん) 팔만, 80,000
- ☐ 九万(きゅうまん) 구만, 90,000
- ☐ 十万(じゅうまん) 십만, 100,000
- ☐ 百万(ひゃくまん) 백만,
  1,000,000
- ☐ 千万(せんまん) 천만, 10,000,000

- □ 億(おく) 억
- □ 十億(じゅうおく) 십억
- □ 百億(ひゃくおく) 백억
- □ 千億(せんおく) 천억

■ 시간

- □ 一時(いちじ) 한 시, 1시
- □ 二時(にじ) 두 시, 2시
- □ 三時(さんじ) 세 시, 3시
- □ 四時(よじ) 네 시, 4시
- □ 五時(ごじ) 다섯 시, 5시
- □ 六時(ろくじ) 여섯 시, 6시
- □ 七時(しちじ) 일곱 시, 7시
- □ 八時(はちじ) 여덟 시, 8시
- □ 九時(くじ) 아홉 시, 9시
- □ 一分(いっぷん) 1분
- □ 二分(にふん) 2분
- □ 三分(さんぷん) 3분
- □ 四分(よんぷん) 4분
- □ 五分(ごふん) 5분
- □ 六分(ろっぷん) 6분
- □ 七分(ななふん) 7분
- □ 八分(はっぷん) 8분
- □ 九分(きゅうふん) 9분
- □ 十分(じゅっぷん/じっぷん) 10분

■ 지시대명사와 연체사

- □ これ 이것
- □ それ 그것
- □ あれ 저것
- □ どれ 어느 것
- □ ここ 여기
- □ そこ 거기
- □ あそこ 저기
- □ どこ 어디
- □ こちら 이쪽
- □ そちら 그쪽
- □ あちら 저쪽
- □ どちら 어느 쪽
- □ この 이
- □ その 그
- □ あの 저
- □ どの 어느
- □ こんな 이런
- □ そんな 그런
- □ あんな 저런
- □ どんな 어떤

■ 위치와 방향

- □ 上(うえ) 위
- □ 下(した) 아래

부록

□ 横(よこ) 옆
□ 後(うし)ろ 뒤
□ 向(む)かい 맞은편
□ 中(なか) 안, 속
□ 左(ひだり) 왼쪽
□ 右(みぎ) 오른쪽
□ 外(そと) 밖
□ 東(ひがし) 동쪽
□ 西(にし) 서쪽
□ 南(みなみ) 남쪽
□ 北(きた) 북쪽
□ 真(ま)ん中(なか) 한가운데
□ 隅(すみ) 구석
□ 近(ちか)く 근처
□ 遠(とお)く 멀리
□ 間(あいだ) 사이

■ 신체

□ 体(からだ) 몸
□ 肌(はだ) 살갗, 피부
□ 頭(あたま) 머리
□ 顔(かお) 얼굴
□ 目(め) 눈
□ 鼻(はな) 코
□ 耳(みみ) 귀
□ 口(くち) 입

□ 首(くび) 머리, 고개
□ 肩(かた) 어깨
□ 手(て) 손
□ 腕(うで) 팔
□ 胸(むね) 가슴
□ 背中(せなか) 등
□ 腹(はら) 배
□ 腰(こし) 허리
□ お尻(しり) 엉덩이
□ 足(あし) 발, 다리

■ 생리현상

□ 涙(なみだ) 눈물
□ 汗(あせ) 땀
□ 唾(つば) 침
□ 鼻水(はなみず) 콧물
□ 咳(せき) 기침
□ 息(いき) 숨
□ くしゃみ 재채기
□ のび 기지개
□ あくび 하품
□ おしっこ 오줌
□ おなら 방귀
□ 便(べん)/糞(くそ) 똥
□ 鼻糞(はなくそ) 코딱지
□ 目糞(めくそ) 눈곱

240

- □ にきび 여드름
- □ 肉(にく) 살
- □ 骨(ほね) 뼈
- □ 血(ち) 피

■ 체격

- □ 禿頭(はげあたま) 대머리
- □ 縮(ちぢ)れ毛(げ) 곱슬머리
- □ 白髪(しらが) 백발
- □ ふたえまぶた 쌍꺼풀
- □ 口髭(くちひげ) 콧수염
- □ 背(せ)が高(たか)い 키가 크다
- □ 背(せ)が低(ひく)い 키가 작다
- □ 太(ふと)る 살찌다
- □ 痩(や)せる 마르다, 살이 빠지다
- □ ハンサムだ 미남이다, 핸섬하다
- □ ブスだ 못생기다(여자)
- □ 健康(けんこう)だ 건강하다
- □ 弱(よわ)い 약하다
- □ 腹(はら)が出(で)る 배가 나오다
- □ 男(おとこ)らしい 남자답다
- □ 女(おんな)らしい 여자답다
- □ 美男(びなん) 미남
- □ 美人(びじん) 미인

■ 일상생활

- □ 起(お)きる 일어나다
- □ 顔(かお)を洗(あら)う 세수하다
- □ 歯(は)を磨(みが)く 이를 닦다
- □ ご飯(はん)を食(た)べる
  밥을 먹다
- □ 水(みず)を飲(の)む 물을 마시다
- □ トイレに行(い)く
  화장실에 가다
- □ 化粧(けしょう)する 화장하다
- □ 出勤(しゅっきん)する 출근하다
- □ 働(はたら)く 일하다
- □ 忙(いそが)しい 바쁘다
- □ 遊(あそ)ぶ 놀다
- □ 暇(ひま)だ 한가하다
- □ 帰(かえ)って来(く)る 돌아오다
- □ 休(やす)む 쉬다
- □ 風呂(ふろ)にはいる 목욕하다
- □ シャワーを浴(あ)びる
  샤워를 하다
- □ 寝(ね)る 자다
- □ 夢(ゆめ)を見(み)る 꿈을 꾸다

■ 일생

- □ 暮(く)らす 생활하다, 살다
- □ 生(い)きる 살다

□ 生(う)まれる 태어나다
□ 育(そだ)つ 자라다
□ 育(そだ)てる 키우다
□ 年(とし)を取(と)る 나이를 먹다
□ 老(お)いる 늙다
□ 死(し)ぬ 죽다
□ 婚約(こんやく)する 약혼하다
□ 結婚(けっこん)する 결혼하다
□ 離婚(りこん)する 이혼하다
□ 娘(むすめ) 딸
□ 息子(むすこ) 아들
□ 若者(わかもの) 젊은이
□ 誕生日(たんじょうび) 생일
□ 還暦(かんれき) 환갑, 회갑
□ 葬式(そうしき) 장례식
□ お墓(はか) 묘

■ 동작

□ 掴(つか)む 잡다
□ 押(お)す 밀다
□ 引(ひ)く 끌다, 당기다
□ 触(さわ)る 만지다
□ 殴(なぐ)る 때리다
□ 揺(ゆ)する 흔들다
□ 破(やぶ)る 깨다, 깨트리다
□ 投(な)げる 던지다

□ 受(う)ける 받다
□ 抱(いだ)く 안다, 껴안다
□ 持(も)つ 들다, 가지다
□ 拾(ひろ)う 줍다
□ 指(さ)す 가리키다
□ 叩(たた)く 두드리다
□ 押(お)さえる 누르다
□ 蹴(け)る 차다
□ 歩(ある)く 걷다
□ 走(はし)る 달리다

■ 감각

□ 考(かんが)える 생각하다
□ 覚(おぼ)える 기억하다, 외우다
□ 忘(わす)れる 잊다
□ 後悔(こうかい)する 후회하다
□ 悩(なや)む 고민하다
□ 反省(はんせい)する 반성하다
□ 狂(くる)う 미치다
□ 気(き)になる 걱정이 되다
□ 気(き)が利(き)く 눈치가 빠르다
□ 気(き)がきかない 눈치가 없다
□ 気(き)を使(つか)う 신경을 쓰다
□ 気(き)をつける 조심하다
□ 誤解(ごかい)する 오해하다
□ 錯覚(さっかく)する 착각하다

- ☐ 信(しん)じる 믿다
- ☐ 相談(そうだん)する
  의논 (상담)하다
- ☐ 決(き)める 정하다, 결정하다
- ☐ 疑(うたが)う 의심하다

■ 감정

- ☐ 嬉(うれ)しい 기쁘다
- ☐ 楽(たの)しい 즐겁다
- ☐ 面白(おもしろ)い 재미있다
- ☐ つまらない 시시하다
- ☐ 気分(きぶん)がいい
  기분이 좋다
- ☐ きぶんが悪(わる)い
  기분이 나쁘다
- ☐ 可笑(おか)しい 이상하다
- ☐ 幸福(こうふく)だ 행복하다
- ☐ 興奮(こうふん)する 흥분하다
- ☐ 感動(かんどう)する 감동하다
- ☐ まあまあだ 그저 그렇다
- ☐ 愛(あい)する 사랑하다
- ☐ 好(す)きだ 좋아하다
- ☐ 嫌(きら)いだ 싫어하다
- ☐ 不愉快(ふゆかい)だ 불쾌하다
- ☐ 嫉妬(しっと)する 질투하다
- ☐ 満足(まんぞく)だ 만족하다

- ☐ 残念(ざんねん)だ 유감이다
- ☐ 悲(かな)しい 슬프다
- ☐ 寂(さび)しい 쓸쓸하다, 적적하다
- ☐ 辛(つら)い 괴롭다
- ☐ 恐(こわ)い 무섭다
- ☐ がっかりする 실망하다
- ☐ おじけづく 겁나다
- ☐ 悔(くや)しい 분하다
- ☐ 腹立(はらだ)つ 화나다
- ☐ 驚(おどろ)く 놀라다
- ☐ 息苦(いきぐる)しい 답답하다
- ☐ 我慢(がまん)する 참다
- ☐ かわいそうだ 불쌍하다, 가엾다
- ☐ 恨(うら)む 원망하다
- ☐ 憎(にく)む 미워하다, 증오하다
- ☐ 慌(あわ)てる 당황하다
- ☐ 心配(しんぱい)する 걱정하다
- ☐ 恥(は)ずかしい 부끄럽다
- ☐ 困(こま)る 곤란하다, 난처하다

■ 성격

- ☐ 怠(なま)ける 게으르다
- ☐ まめだ 성실하다, 착하다
- ☐ 落(お)ち着(つ)く 침착하다
- ☐ そそっかしい 덜렁대다
- ☐ 立派(りっぱ)だ 훌륭하다

☐ 善良(ぜんりょう)だ 선량하다, 착하다

☐ 生意気(なまいき)だ 건방지다

☐ 傲慢(ごうまん)だ 거만하다

☐ 大人(おとな)しい 어른스럽다

☐ 優(やさ)しい 상냥하다

☐ 親切(しんせつ)だ 친절하다

☐ 純真(じゅんしん)だ 순진하다

☐ 利口(りこう)だ 영리하다, 슬기롭다

☐ 勇敢(ゆうかん)だ 용감하다

☐ 朗(ほが)らかだ 명랑하다

☐ 冷(つめ)たい 차갑다, 냉정하다

☐ 男(おとこ)らしい 남자답다

☐ 女(おんな)らしい 여자답다

때

☐ 今(いま) 지금

☐ すぐに 곧바로, 당장

☐ 早(はや)く 일찍, 빨리

☐ 遅(おそ)く 늦게

☐ いつも 언제나, 항상

☐ 普段(ふだん) 보통, 평소

☐ 先(さき)に 먼저, 앞서

☐ まず 우선, 먼저

☐ この前(まえ)に 요전에

☐ ただ今(いま) 방금

☐ 後(あと)で 나중에

☐ これから 앞으로, 이제부터

☐ 次(つぎ)に 다음에

☐ もう 이미, 벌써, 머지않아

☐ 再(ふたた)び 다시, 재차

☐ たまに 가끔, 이따금

☐ 度々(たびたび) 몇 번이나, 종종

☐ 急(きゅう)に 갑자기

하루의 시간

☐ 明(あ)け方(がた) 새벽

☐ 朝(あさ) 아침

☐ 昼(ひる) 낮

☐ 夕方(ゆうがた) 저녁

☐ 夜(よる) 밤

☐ 夜中(よなか) 밤중

☐ 深夜(しんや) 심야

☐ 午前(ごぜん) 오전

☐ 午後(ごご) 오후

☐ 正午(しょうご) 정오, 낮

☐ 一日(いちにち) 하루

☐ ~中(じゅう) ~종일

☐ 半日(はんにち) 반나절

☐ 時間(じかん) 시간

☐ 時(とき) 때

□ 何時(なんじ) 몇 시
□ 何分(なんぷん) 몇 분
□ 何秒(なんびょう) 몇 초

■ 날짜와 요일

□ 日(ひ) 날, 일
□ 月(がつ)/月(げつ) 월, 달
□ 年(ねん) 해, 연
□ 何月(なんがつ) 몇 월
□ 何年(なんねん) 몇 년
□ 一日(ついたち) 초하루, 1일
□ 二日(ふつか) 이틀, 2일
□ 三日(みっか) 사흘, 3일
□ 一ヶ月(いっかげつ) 한 달, 1개월
□ 週末(しゅうまつ) 주말
□ 月末(げつまつ) 월말
□ 年末(ねんまつ) 연말
□ 月曜日(げつようび) 월요일
□ 火曜日(かようび) 화요일
□ 水曜日(すいようび) 수요일
□ 木曜日(もくようび) 목요일
□ 金曜日(きんようび) 금요일
□ 土曜日(どようび) 토요일

■ 연월일

□ 今年(ことし) 올해, 금년

□ 来年(らいねん) 내년
□ 再来年(さらいねん) 내후년
□ 去年(きょねん) 작년
□ 昨年(さくねん) 작년
□ 一昨年(おととし) 재작년
□ 毎年(まいとし) 매해, 매년
□ 今月(こんげつ) 이번 달
□ 先月(せんげつ) 지난 달
□ 来月(らいげつ) 다음 달
□ 再来月(さらいげつ) 다다음 달
□ 毎月(まいつき) 매달, 매월
□ 今日(きょう) 오늘
□ 明日(あした) 내일
□ 明後日(あさって) 모레
□ 昨日(きのう) 어제
□ 一昨日(おととい) 그제
□ 毎日(まいにち) 매일

■ 날씨

□ 天気(てんき) 날씨
□ 晴(は)れ 맑음, 개임
□ 曇(くも)り 흐림
□ 雲(くも) 구름
□ 雨(あめ) 비
□ 雪(ゆき) 눈
□ 晴(は)れる 맑다, 개이다

부록

☐ 台風(たいふう) 태풍

☐ 稲妻(いなずま) 번개

☐ 雷(かみなり) 천둥, 우뢰

☐ 気温(きおん) 기온

☐ 気圧(きあつ) 기압

☐ 地震(じしん) 지진

☐ 洪水(こうずい) 홍수

☐ 日照(ひで)り 가뭄

☐ 夕立(ゆうだち) 소나기

☐ 梅雨(つゆ) 장마

☐ 津波(つなみ) 해일, 쓰나미

기후

☐ 気候(きこう) 기후

☐ 空(そら) 하늘

☐ 空気(くうき) 공기

☐ 湿気(しっけ) 습기

☐ 霧(きり) 안개

☐ 露(つゆ) 이슬

☐ 霜(しも) 서리

☐ 虹(にじ) 무지개

☐ 暖(あたた)かい 따뜻하다

☐ 暑(あつ)い 덥다

☐ 蒸(む)し暑(あつ)い 무덥다

☐ 涼(すず)しい 시원하다

☐ 寒(さむ)い 춥다

☐ 氷(こおり) 얼음

☐ つらら 고드름

☐ 陽炎(かげろう) 아지랑이

☐ 天気予報(てんきよほう)
일기예보

☐ 気象(きしょう) 기상

동물

☐ 飼(か)う 기르다

☐ 餌(えさ)をやる 먹이를 주다

☐ 犬(いぬ) 개

☐ 猫(ねこ) 고양이

☐ ねずみ 쥐

☐ ゴキブリ 바퀴벌레

☐ 蚊(か) 모기

☐ はえ 파리

☐ 鳥(とり) 새

☐ 牛(うし) 소

☐ 馬(うま) 말

☐ 虎(とら) 호랑이

☐ 魚(さかな) 물고기

☐ 虫(むし) 벌레

☐ 鶏(にわとり) 닭

☐ ウサギ 토끼

☐ スズメ 참새

☐ 豚(ぶた) 돼지

■ 식물

- □ 植物(しょくぶつ) 식물
- □ 稲(いね) 벼
- □ 麦(むぎ) 보리
- □ 草(くさ) 풀
- □ 松(まつ) 소나무
- □ 柳(やなぎ) 버드나무
- □ むくげ 무궁화
- □ 花(はな) 꽃
- □ 咲(さ)く (꽃이) 피다
- □ 桜(さくら) 벚(꽃)
- □ 実(み) 열매
- □ 新芽(しんめ) 새싹
- □ 根(ね) 뿌리
- □ 葉(は) 잎
- □ 紅葉(もみじ) 단풍
- □ 落葉(おちば) 낙엽
- □ 芝生(しばふ) 잔디
- □ 木(き) 나무

■ 의복

- □ 服(ふく) 옷
- □ 紳士服(しんしふく) 신사복
- □ 婦人服(ふじんふく) 여성복
- □ 洋服(ようふく) 옷(서양옷)
- □ 和服(わふく) 일본전통 옷
- □ ズボン 바지
- □ スカート 스커트, 치마
- □ 上着(うわぎ) 겉옷, 상의
- □ ワンピース 원피스
- □ コート 코트, 웃옷
- □ セーター 스웨터
- □ ワイシャツ 와이셔츠
- □ 下着(したぎ) 속옷
- □ ランニング 러닝
- □ シュミーズ 슈미즈, 속치마
- □ 靴下(くつした) 양말
- □ 着(き)る 입다
- □ 脱(ぬ)ぐ 벗다

■ 장신구

- □ 帽子(ぼうし) 모자
- □ 眼鏡(めがね) 안경
- □ 腕時計(うでどけい) 손목시계
- □ 手袋(てぶくろ) 장갑
- □ 襟巻(えりま)き 목도리
- □ ベルト 벨트, 허리띠
- □ ハンカチ 손수건
- □ 財布(さいふ) 지갑
- □ 履物(はきもの) 신발
- □ 靴(くつ) 구두

부록

□ 運動靴(うんどうぐつ) 운동화
□ 指輪(ゆびわ) 반지
□ 腕輪(うでわ) 팔찌
□ 首飾(くびかざ)り 목걸이
□ イヤリング 귀걸이
□ かつら 가발
□ ハンドバック 핸드백
□ アクセサリー 액세서리

■ 식사

□ 空腹(くうふく)だ 배고프다
□ 満腹(まんぷく)だ 배부르다
□ おいしい 맛있다
□ まずい 맛없다
□ 食欲(しょくよく) 식욕
□ 朝食(ちょうしょく) 아침식사,
　조식
□ 昼食(ちゅうしょく) 점심식사,
　중식
□ 夕食(ゆうしょく) 저녁식사, 석식
□ 間食(かんしょく) 간식
□ ご飯(はん) 밥
□ おかず 반찬
□ 食(た)べる 먹다
□ 汁(しる) 국
□ 腐(くさ)る 썩다

□ 食事(しょくじ) 식사
□ 飲(の)む 마시다
□ 箸(はし) 젓가락
□ 割箸(わりばし) 1회용
　나무젓가락

■ 조미료와 맛

□ 調味料(ちょうみりょう) 조미료
□ 塩(しお) 소금
□ 砂糖(さとう) 설탕
□ 醤油(しょうゆ) 간장
□ 味噌(みそ) 된장
□ 酢(す) 식초
□ こしょう 후춧가루
□ 油(あぶら) 기름
□ ごま油(あぶら) 참기름
□ ごま 참깨
□ ねぎ 파
□ 生姜(しょうが) 생강
□ 辛(から)い 맵다
□ 塩辛(しおから)い 짜다
□ 薄(うす)い 싱겁다
□ 酸(す)っぱい 시다
□ 甘(あま)い 달다
□ 苦(にが)い 쓰다

■ 술자리

- ☐ 大酒(おおざけ)のみ 술고래
- ☐ 酔(よ)っ払(ぱら)い 술꾼, 주정뱅이
- ☐ 酔(よ)う 취하다
- ☐ 割勘(わりかん) 각자부담
- ☐ 二次会(にじかい) 이차
- ☐ 注(そそ)ぎだし 첨잔
- ☐ 屋台(やたい) 포장마차
- ☐ 酒(さけ) 술
- ☐ 飲屋(のみや) 술집
- ☐ 盃(さかずき) 술잔
- ☐ 酒代(さかだい) 술값
- ☐ 乾杯(かんぱい) 건배
- ☐ 祝杯(しゅくはい) 축배
- ☐ つまみ 안주
- ☐ お通(とお)し 기본안주
- ☐ ビール 맥주
- ☐ 生(なま)ビール 생맥주
- ☐ 日本酒(にほんしゅ) 청주

■ 가전제품

- ☐ 洗濯機(せんたくき) 세탁기
- ☐ 電気釜(でんきがま) 전기밥솥
- ☐ 扇風機(せんぷうき) 선풍기
- ☐ エアコン 에어컨

- ☐ スイッチ 스위치
- ☐ ドライヤー 드라이어
- ☐ 乾電池(かんでんち) 건전지
- ☐ スタンド 스탠드
- ☐ 電子(でんし)レンジ 전자렌지
- ☐ 冷蔵庫(れいぞうこ) 냉장고
- ☐ テレビ 텔레비전
- ☐ ビデオ 비디오
- ☐ コンピューター 컴퓨터
- ☐ 停電(ていでん) 정전
- ☐ 点(つ)ける 켜다
- ☐ 切(き)る 끄다

■ 전화

- ☐ ケータイ 휴대전화
- ☐ スマートホン 스마트폰
- ☐ 公衆電話(こうしゅうでんわ) 공중전화
- ☐ 電話番号(でんわばんごう) 전화번호
- ☐ もしもし 여보세요
- ☐ コイン 코인, 동전
- ☐ 電話(でんわ)カード 전화카드
- ☐ 通話中(つうわちゅう) 통화중
- ☐ 交換(こうかん) 교환
- ☐ 市外電話(しがいでんわ)

부록

시외전화

☐ 地域番号(ちいきばんごう)
지역번호

☐ 料金(りょうきん) 요금

☐ 電話帳(でんわちょう)
전화번호부

☐ 混線(こんせん) 혼선

☐ 国際電話(こくさいでんわ)
국제전화

☐ 指名通話(しめいつうわ)
지명통화

☐ 受話器(じゅわき) 수화기

☐ かける (전화를) 걸다

☐ かわる (전화를) 바꾸다

☐ 悪戯電話(いたずらでんわ)
장난전화

■ 우편

☐ 郵便局(ゆうびんきょく) 우체국

☐ ポスト 우체통

☐ 便(たよ)り 소식

☐ 手紙(てがみ) 편지

☐ 出(だ)す (편지를) 부치다

☐ 住所(じゅうしょ) 주소

☐ 郵便番号(ゆうびんばんごう)
우편번호

☐ 葉書(はがき) 엽서

☐ 絵葉書(えはがき) 그림엽서

☐ 封筒(ふうとう) 봉투

☐ 便箋(びんせん) 편지지

☐ 切手(きって) 우표

☐ 窓口(まどぐち) 창구

☐ 小包(こづつみ) 소포

☐ 包装(ほうそう) 포장

☐ 書留(かきとめ) 등기

☐ 速達(そくたつ) 빠른우편

☐ 電報(でんぽう) 전보

■ 약

☐ 薬(くすり) 약

☐ 薬屋(くすりや) 약방, 약국

☐ バンドエイド 일회용 반창고

☐ 包帯(ほうたい) 붕대

☐ 風薬(かぜぐすり) 감기약

☐ 消化剤(しょうかざい) 소화제

☐ 鎮痛剤(ちんつうざい) 진통제

☐ 目薬(めぐすり) 안약

☐ 便秘薬(べんぴぐすり) 변비약

☐ 下痢止(げりど)め薬(ぐすり)
설사약

☐ 軟膏(なんこう) 연고

☐ 水薬(みずぐすり) 물약

☐ 粉薬(こなぐすり) 가루약

250

□ 丸薬(がんやく) 알약
□ 針(はり) 침
□ 錠剤(じょうざい) 정제
□ 漢方薬(かんぽうやく) 한약
□ 食後(しょくご) 식후

■ 병원

□ 病院(びょういん) 병원
□ 医者(いしゃ) 의사
□ 看護婦(かんごふ) 간호원
□ 内科(ないか) 내과
□ 外科(げか) 외과
□ 産婦人科(さんふじんか)
  산부인과
□ 小児科(しょうにか) 소아과
□ 歯科(しか) 치과
□ 耳鼻咽喉科(じびいんこうか)
  이비인후과
□ 献血(けんけつ) 헌혈
□ 救急車(きゅうきゅうしゃ) 구급차
□ 患者(かんじゃ) 환자
□ 診察(しんさつ) 진찰
□ 体温(たいおん) 체온
□ 血圧(けつあつ) 혈압
□ 注射(ちゅうしゃ) 주사
□ 入院(にゅういん) 입원

□ 手術(しゅじゅつ) 수술

■ 질병

□ 痛(いた)い 아프다
□ 熱(ねつ)が ある 열이 있다
□ 仮病(けびょう) 꾀병
□ 食中毒(しょくちゅうどく)
  식중독
□ 蕁麻疹(じんましん) 두드러기
□ 皮膚病(ひふびょう) 피부병
□ 恋煩(こいわずら)い 상사병
□ ふけ 비듬
□ 痔(じ) 치질
□ にきび 여드름
□ 神経痛(しんけいつう) 신경통
□ 飲(の)み過(す)ぎ 과음
□ 食(た)べ過(す)ぎ 과식
□ 治(なお)る (병이) 낫다
□ 疼(うず)く 쑤시다
□ かゆい 가렵다
□ もたれる 체하다
□ 吐(は)く 토하다

■ 비즈니스

□ 取引先(とりひきさき) 거래처
□ 名刺(めいし) 명함

부록

- ☐ 接待(せったい) 접대
- ☐ 輸出(ゆしゅつ) 수출
- ☐ 輸入(ゆにゅう) 수입
- ☐ 信用状(しんようじょう) 신용장
- ☐ 手形(てがた) 어음
- ☐ 保証(ほしょう) 보증
- ☐ 販売(はんばい) 판매
- ☐ 原価(げんか) 원가
- ☐ 見本(みほん) 견본, 샘플
- ☐ 売上高(うりあげだか) 매상고
- ☐ 不渡(ふわた)り 부도
- ☐ 投資(とうし) 투자
- ☐ 契約(けいやく) 계약
- ☐ 赤字(あかじ) 적자
- ☐ 黒字(くろじ) 흑자
- ☐ 収支(しゅうし) 수지

■ 교통수단

- ☐ 車(くるま) 차, 자동차
- ☐ タクシー乗場(のりば) 택시승강장
- ☐ マイカー 자가용
- ☐ 電車(でんしゃ) 전철, 전차
- ☐ 地下鉄(ちかてつ) 지하철
- ☐ バス 버스
- ☐ 運転(うんてん) 운전

- ☐ 小銭(こぜに) 잔돈
- ☐ バス停(てい) 버스정류장
- ☐ 終点(しゅうてん) 종점
- ☐ 自転車(じてんしゃ) 자전거
- ☐ 船(ふね) 배
- ☐ フェリー 훼리
- ☐ 港(みなと) 항구
- ☐ 切符(きっぷ) 표
- ☐ 切符売場(きっぷうりば) 매표소
- ☐ 列車(れっしゃ) 열차
- ☐ 特急(とっきゅう) 특급

■ 숙박

- ☐ ホテル 호텔
- ☐ 旅館(りょかん) 여관
- ☐ 民宿(みんしゅく) 민박
- ☐ フロント 프런트
- ☐ 湯(ゆ) 끓인 물
- ☐ ベッド 침대
- ☐ シングル 싱글
- ☐ ツイン 트윈
- ☐ 部屋代(へやだい) 방값
- ☐ 前払(まえばら)い 선불
- ☐ 宿泊(しゅくはく) 숙박
- ☐ 計算(けいさん) 계산
- ☐ キー 키, 열쇠

□ 貴重品(きちょうひん) 귀중품
□ 洗濯物(せんたくもの) 세탁물
□ チップ 팁
□ 食堂(しょくどう) 식당
□ バスルーム 욕실

■ 항공

□ 空港(くうこう) 공항
□ パスポート 여권, 패스포트
□ 空席(くうせき) 빈자리, 공석
□ 満席(まんせき) 자리가 다 참, 만석
□ 落(お)とし物(もの) 분실물
□ 手続(てつづ)き 수속
□ 荷物(にもつ) 짐
□ 検査(けんさ) 검사
□ 別(わか)れ 헤어짐, 작별
□ 再会(さいかい) 다시 만남, 재회
□ 出迎(でむか)え 마중
□ 見送(みおく)り 전송
□ 税関(ぜいかん) 세관
□ 免税(めんぜい) 면세
□ 予約(よやく) 예약
□ 国際線(こくさいせん) 국제선
□ 国内線(こくないせん) 국내선
□ 飛行機(ひこうき) 비행기

■ 쇼핑

□ 市場(いちば) 시장
□ デパート 백화점
□ 買(か)う 사다
□ 売(う)る 팔다
□ 値切(ねぎ)る 값을 깎다
□ 値段(ねだん) 값, 가격
□ 高(たか)い (값이) 비싸다
□ 安(やす)い (값이) 싸다
□ 物価(ぶっか) 물가
□ お土産(みやげ) 선물
□ 配達(はいたつ) 배달
□ スーパー 슈퍼(마켓)
□ 販売(はんばい) 판매
□ バーゲンセール 바겐세일
□ お金(かね) 돈
□ 高級品(こうきゅうひん) 고급품
□ 商店街(しょうてんがい) 상가
□ 繁華街(はんかがい) 번화가

■ 상태

□ 横(よこ) 가로
□ 縦(たて) 세로
□ 大(おお)きい 크다
□ 小(ちい)さい 작다

부록

☐ 多(おお)い 많다
☐ 少(すく)ない 적다
☐ 長(なが)い 길다
☐ 短(みじか)い 짧다
☐ 高(たか)い 높다
☐ 低(ひく)い 낮다
☐ 厚(あつ)い 두껍다
☐ 薄(うす)い 얇다
☐ 太(ふと)い 굵다
☐ 細(ほそ)い 가늘다
☐ 重(おも)い 무겁다
☐ 軽(かる)い 가볍다
☐ 丸(まる)い 둥글다
☐ 四角(しかく)だ 네모지다
☐ 良(よ)い 좋다
☐ 悪(わる)い 나쁘다
☐ 強(つよ)い 강하다, 세다
☐ 弱(よわ)い 약하다
☐ 新(あたら)しい 새롭다
☐ 古(ふる)い 낡다, 오래되다
☐ 同(おな)じだ 같다, 동일하다
☐ 違(ちが)う 다르다
☐ 簡単(かんたん)だ 간단하다
☐ 複雑(ふくざつ)だ 복잡하다
☐ 変(へん)だ 이상하다
☐ 広(ひろ)い 넓다

☐ 狭(せま)い 좁다
☐ 深(ふか)い 깊다
☐ 浅(あさ)い 얕다
☐ 美(うつく)しい 아름답다
☐ 奇麗(きれい)だ 예쁘다
☐ 可愛(かわい)い 귀엽다

■ 색깔

☐ 濃(こ)い 진하다
☐ 薄(うす)い 엷다
☐ 白(しろ)い 하얗다
☐ 黒(くろ)い 검다
☐ 赤(あか)い 빨갛다
☐ 黄色(きいろ)い 노랗다
☐ 青(あお)い 파랗다
☐ 明(あか)るい 밝다
☐ 暗(くら)い 어둡다
☐ 派手(はで)だ 화려하다
☐ 地味(じみ)だ 수수하다
☐ 田舎(いなか)っぽい 촌스럽다
☐ 品(ひん)が ある 고상하다
☐ 白黒(しろくろ) 흑백
☐ 茶色(ちゃいろ) 갈색
☐ 紫色(むらさきいろ) 보라색
☐ 灰色(はいいろ) 회색
☐ 緑色(みどりいろ) 녹색